FREEDOM
擺脫市場的自由
自由市場的公義思辨

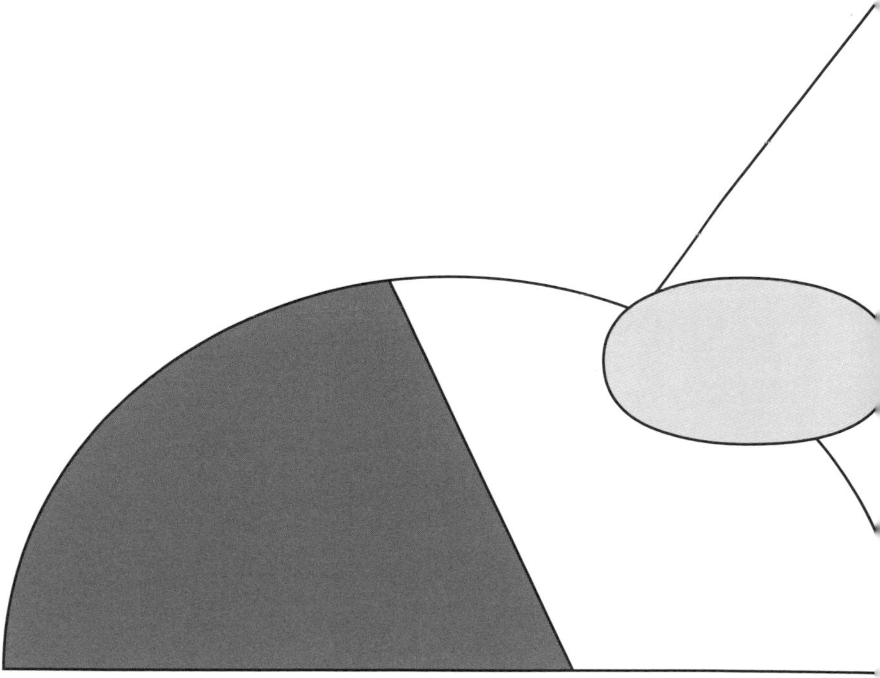

From the MARKET

麥可・康茲爾 著｜蕭美惠

America’s Fight to Liberate Itself from the Grip of the Invisible Hand

目錄

前言

過去數十年來，我們一直被灌輸一個觀念，說商品、服務與勞力流動不受規範的自由市場是自由的基本形式，自由像市場一樣運作。自由成為企業主，自由銷售你的勞力，自由購買醫療與教育等生活必需品——以上的市場機會讓我們保持自由，讓我們表達自己是社會一分子。這種狹隘、偏限的看法延伸到我們生活的每個部分，變成像是包圍我們的空氣。

美國的市場導向世界觀如今已分崩離析。在政治動盪、不安穩與疫情之下，人們迫切想要開拓市場之外的世界。他們的欲望鼓動了政治，尤其是年輕選民要求政府直接提供必需品，同時壓制形將吞沒我們整個生活的市場層面。

這些政治要求實際上是舊觀念，雖然它們早已被遺忘。兩個世紀來，美國人一直在爭取擺脫市場的自由（freedom from the market）。他們的故事是值得汲取與借鑒的強大傳承。

在我們周遭，這種對抗自由市場的古老抗爭重新竄起。二〇一一年占領（Occupy）運動時期，社群媒體「Tumblr」曾短暫出現一個專頁，名稱為「我們是九九％」（We Are the 99 Percent），內容都是經濟弱勢的故事。人們的頭號問題包括學生貸款與醫療費用等等，這類恐懼瀰漫整個網站。吸引人們投身那種政治時刻的是來自市場以外的概念，不受債務與不安穩管制的領域。[1]後來，渴望由市場以外獲取商品，變成二〇一六與二〇二〇年民主黨初選的主題。突然之間，大家都在討論免學費大學與免費全民健保。職場的老問題又被提起，包括草根運動試圖推動州與城市通過十五美元最低時薪。以前的守門員希望藉由人們的政治想像來維持更為市場友善、漸進式策略，卻發現這場辯論與他們擦身而過。即便川普二〇一六年當選美國總統，這股動力仍不斷擴大，激勵全新一代競選公職，希望改變政治輿論。

最近，我們在針對社會主義訴求的民調當中看見這股力量。一項民調標題如是說：「獨家調查：年輕美國人擁抱社會主義」。另一項則是：「Z世代偏好社會主義，甚於資本主義」。年齡介於十八至二十四歲的人，六一％對「社會主義」有正面反應，而五十五歲以上的人則不到二九％。年輕人更可能認為政府應該提供全民健保與免學費大學，儘管這些意見在這個年齡層之外也普遍流行。[2]

對於這種發展，保守派的回應是預想得到的恐慌與傲慢。然而，我們很容易忽略這股新政治力量背後的動力，及其引發對資本主義的懷疑。這種立場的核心是拒絕歷史學家艾倫·梅克辛斯·伍德（Ellen Meiksins Wood）所謂的「市場依賴」，亦即市場決定我們生活的各層面。如同伍德所說，在資本主義下，市場具有「組織人類生活與社會再製（social reproduction）的空前角色，人們必須透過市場才能取得社會再製的大多數基本手段。」我們這個時代的改變是，資本主義成功地殖民了我們的日常生活，而且市場依賴輾壓了節制資本主義的努力。[3]

我們的政治與生活朝向更美好的方向。[6]

自由必須擺脫市場的觀念，直接衝擊現今普遍的自由觀念。現在，經濟自由，購買、銷售與存在於市場之內的自由，被視為唯一的自由。如同哲學家溫蒂・布朗（Wendy Brown）對電影導演兼作家阿斯特拉・泰勒（Astra Taylor）所說：「現在，除了你在市場看到的意義之外，平等與自由沒有其他意義……可是，市場本身即為不平等的領域。是贏家與輸家的領域。贏家與輸家因此成為全面市場化民主的自然結果。」[7]

當今的市場自由觀念有兩個起源故事。第一個故事來自於自由主義者將英國哲學家以賽亞・伯林（Isaiah Berlin）提出的一項區別推向極致。一九五八年，伯林推廣負面及正面自由的觀念，通常被稱為「免於干預」的自由與「去做什麼」的自由。負面自由被定義為沒有障礙，不會阻攔你的行動。反過來，正面自由則是得以達成某種目的，通常是由一個群體共同決定。[8]

有人或許認為這是一體兩面，或是如何平衡自由與安全這兩個衝突的社會目標的議題不同面向。然而，伯林毫不留情地指出，這兩個觀念基本上彼此矛盾。新一代的自由主義與新自由主義思想家又把這兩者之間的壁壘拉得更遠。對他們來說，負面自由不僅是政府一個重要目標，更是唯一合法的目標。任何種類的干涉，不論是法規、課稅、公共計畫或社會保險，必然也會破壞自由的觀念。[9]

另一個起源故事則發生在經濟學家晉升到決策最前線之時。經濟學家，即便是開明派，往往對於妥善規範與架構市場有一個特定看法，那就是撒錢給人們。在一九七〇年一篇文章，自由主義經濟學家詹姆士・托賓（James Tobin）比較兩種平等主義想法。第一種是他所稱的「特定平等主義」（specific egalitarianism），認為取得衛生與教育等特定商品不應基於支付能力。另一種，「廣泛平等主義」（general egalitarianism），是大多數經濟學家的看法。廣泛平等主義者認為，政府不應藉由法規以改變市場如何製造商品、直接提供教育等商品，或者以最低工資法之類去干預價格。相反的，如果政府在乎平等的話，便直接發現金給窮人，而不要在意人們如何花用。

如同托賓對這種新近流行觀點的說明：「憂慮的外行人看到有人住所簡陋或吃不飽，便直覺地想要讓他們住得好、吃得飽，經濟學家則直覺想要提供他們更多現金所得。」資本主義下的公平自由理論開始反映這種理想，專注在把經濟視為一場巨型拍賣的思想實驗。在這些討論當中，公平的問題被侷限在每一種人應該花多少錢才能競拍到這些市場商品，而不是創造或取得商品的條件。[10]

這種世界觀的邏輯終點是利用負所得稅等形式提供基本收入，以取代所有政府計畫，如同保守派經濟學家米爾頓・傅利曼（Milton Friedman）所倡導。在一九七八年的連串演說之中，哲學家米歇爾・傅柯（Michel Foucault）認為這打造出一種特定的經濟關係。根據其倡導者，基本收入將是「社會有效率，但不致造成經濟破壞」，同時意味著「放棄整體社會虧欠每位成員衛生與教育等服務的觀念」。不平等的擔憂將只集中在最貧困者的絕對貧窮，造成這個群體在心理上與其餘社會隔離。[11]

然而，對大部分人來說，這種世界意味著，除了赤貧以外，「競爭與企業的機制」將可「獲准在其餘社會運作」。市場依賴將成為大多數人的法則，因為「在這個分水嶺之上，每個人或其家庭必須成為一個企業。」（正是這種對於廣泛平等議題的冷漠，許多人才會對實施基本收入以解決所有社會問題的做法抱持懷疑態度。）在眾多經濟學家的主流看法當中，平等主義的重點是要確保市場依賴可以永久維持。[12]

本書是人類對抗市場依賴的歷史，以及他們為達目標而提出自由論調的故事。數世紀以來，美國人提出為何我們必須脫離市場才能獲得自由的五項廣泛、重疊論點。

第一是最直接了當：市場經濟的商品分配並不符合我們擁有自由生活的需求。健康、教育與時間是我們保有自由的必需基準，因此我們需要約略平等地取得這一些。這些商品不能依據誰可負擔得起來分配。[13]

第二項論點是，就這些必需商品而言，市場是不可靠的提供者。有時，公司生產不足以滿足社會需求。人們要求免費公立大學，因為很顯然私立大學寧可提高他們的尊貴地位，也不願提供大眾教育。保險公司預防性歧視那些最可能由保險受益的人。單純補貼民營企業去進行這項工作，到頭來可能造成他們占據資源，而不是提供必需的商品。公共計畫則正好相反，它們削減成本，確保人們獲得所需。此外，商品的個別市場雖然可能無法提供社會所需，但是這些市場加總起來在經濟蕭條與衰退時崩潰，使得問題更加嚴重。需求不足的問題產生了長期的高失業與產出衰退，正是因為市場未能協調各種活動。人們要求市場保障的一個重要原因，是為了彌補景氣循環釀成的災難，那種苦痛不是人們咎由自取，也無法獨力阻止。可能以這種方式崩潰的市場，並不適合作為我們自由的核心要素。[14]

第三個論點是自由需要我們不受他人意志的隨意擺布。美國人認定，如果他人可以肆意任性地干涉你的生活，那麼你便不自由。市場便是恣意妄為的地方。勞動契約便可看得出來。在經濟學的抽象世界觀，勞工單純出售他們的勞動，而老闆購買，跟銷售與購買一包口香糖沒什麼兩樣。市場向來是自由定義的最重要政治戰場。勞工們置身於哲學家伊莉莎白．安德森（Elizabeth Anderson）所說市場上老闆們組成的「私人政府」，如同任何政府權力，這些關係可能是掠奪與剝削性質。雖然工人可以選擇離開，很多人卻沒有離開，若不是因為在大經濟環境缺乏可行選項，便是因為契約條件。老闆們總是享有優勢，因為在市場依賴之下，勞工必須工作才能生存，才能有活下去的資源。15

濫用、恣意的權力由勞動契約延伸到整個市場。例如安隆公司（Enron）操弄能源價格，製藥投資人控制罕病藥，將藥價調高到一般人負擔不起的程度。例如一些家庭因為詐欺性金融產品而損失房屋權益，有色人種家庭尤其遭受這種不公不義的打擊。哲學家黛柏拉．沙茲（Debra Satz）形容這種交易是「有毒市場」。這樣的市場不但為個人造成有害結果，亦傷害整個社會。其案例特點是一方利用知識不對稱、代理人、權力或參與者的弱點。人們一直努力壓抑這種市場以維護自己的自由。16

第四項論點是，市場擴張到全部社會，把所有事情變成商品，不能當成商品的事情都沒有回報。如同政治經濟學家卡爾．博蘭尼（Karl Polanyi）在其著作《鉅變》（*The Great Transformation*）表示，土地、勞力與金錢並不是實際商品。相反的，它們各自都是「虛擬商品」。土地不是任何人製造出來，而是早已存在。金錢並不是一個人的努力創造出來，而是來自銀行與國家作為會計機制。博蘭尼寫說：「勞動不過是伴隨生活的人類活動的另一種名稱，它的目的不是為了銷售，而是為了全然不同的理由，那種活動亦無法脫離生活、無法被儲存或動員。」社會抗拒這些要素被全部商品化。在十九世紀，博蘭尼之前一個世紀，美國人認為，有關土地、工時與金錢，如果全都由市場決定，他們便是被剝奪了一些自由。[17]

永續的人類生活需要市場無法確保的資源。因為年老、年幼或殘障而無法工作的人，還是需要活下去。完全依賴市場的社會無法以健全方式再製，因為所有社會都依靠照護的基礎設施才能更新。人不是電池，無法在工廠裡充電。他們是需要照顧、關愛與保護才能運作的人類。社會需要資源以養育及照顧兒童，這是無法由社會獲取任何收入的工作。這種社會再製的照護工作正是市場沒有付錢的事情；它只能借用，直到赤字開始壓垮所有人。[18]

為何自由需要壓抑市場的最後一個理由是，相對於消極自由（negative freedom）的概念，市場是一個政治項目，一種投射國家力量的政府形式。若你思考現代、資本主義經濟的運作方式，消極自由的概念便無足輕重。正如同我們辯論政府行動是在協助或妨害自由，由政府來執行市場也需要加以民主地辯論。市場運作沒有中立方式，所有的選擇都很重要，尤其是有關我們的自由程度。在十九世紀末葉之前人們便已了解這點，當時尚未經由法律在經濟與政府之間畫出明顯界線。經濟自由是契約絕對權利的概念尚未被發明出來。

金錢與財產是我們據以管理人際關係的條件。那些關係是由最終執行所有契約的國家來維持。

以擁有一棟房屋來舉例說明。你擁有自己的房子，是因為你可以阻止別人住在那裡，或是未經你的許可而使用房子。這不是你和實體建築之間的垂直關係——你的房子渾然不知你對它擁有法律契約，而是人們之間的水平關係。如果你在別人家的前廊睡覺，他們可以報警把你趕走。現代經濟更是如此，國家建構資本與財富請求權，好讓它們可以輕易在時間與空間中移轉。由公司股票到智慧財產，我們這個時代構成財富的大多東西並未反映實際物品之間的關係，而是代表利潤與收入的請求權，政府最終管理的請求權。一旦我們以這種角度來看待財產，便能理解我們只能把財產定義為規範人與人之間干涉的一個形式。19

自由社會可提供某些領域的關鍵物資，同時壓抑其他領域的市場。有時這是藉由法規與命令，其他時候則必須直接透過公眾來提供商品。自由社會亦可壓抑市場獨占，藉由給予勞工在其市場的發言權，不僅僅是可以離開，還要積極檢查賣方的濫權，並且藉由確保市場之外完成的工作獲得報酬與有人提供。這些政治目標均可利用市場創新與動能來完成，同時檢查我們對市場的依賴。我們應該選擇這個更加自由的社會。

自由與市場的故事有許多方式來訴說。這是一部歷史作品，往往被視為抽象、學術性的鬥爭，歷史賦予它們血肉急迫性。若我們只是使用經濟與公共政策工具來理解這些問題，終將給予市場一種自然性，而太過簡陋。若我們只鎖定市場失敗以及政府如何因應，我們往往假設市場是自然的，應該主宰我們的生活方式。若我們使用現今哲學工具來檢視市場擴張到我們生活裡，我們往往迷失在什麼東西應該出售的詭辯之中，而沒有看到一般人面對市場構成的生死威脅。有人討論人們是否應該獲准購買人體器官或違禁藥品，卻沒什麼人討論人們因為買不起胰島素而死亡的社會不公義。

歷史也有廣泛區間的故事可以汲取。第一章到第三章分別討論土地、勞動與生命，以及把它們當成商品的虛假概念。免費公地、限制工時，以及社會保險的倡導者在試圖將這些生活層面由市場邏輯抽離時，均面對強烈反對。第四章討論新政，以及社會安全與《華格納法案》如何重新設定對抗異常變數的自由新基準。

第五章討論二戰日托中心這個可觀的個案研究。由於軍方需要轟炸機，而不是檔案夾，他們為女性員工提供日托服務，絲毫不帶有慈善與針對窮人提供的日托計畫的羞辱意味。女性在戰後發起政治運動要求繼續開放日托。第六章的故事是聯邦官僚如何與民運人士、黑人醫療專家聯手，利用全新的聯邦醫療保險（Medicare）健保計畫來對抗歧視有色人種的《吉姆・克勞法》與種族隔離的南方醫院。這個明確例子說明公共計畫可以用市場無法做到的方式來粉碎不公不義。

第七章與第八章訴說相反的故事，有關我們這個新自由主義時代是如何擴大與接受市場作為政治武器。第七章檢視公共事業、公眾領域與公用事業，是如何由公共概念之中被剝除。這是一項迅速展開的革命性計畫，用自由是私人財產的觀念來取代公共義務。第八章討論學貸如何取代一個多世紀來被視為常態的免學費大學。這種意識型態的轉變是建立在年輕學子被迫在金融市場成為企業，透過法律硬生生創造出來的市場依賴。

以前的思想家與社會運動人士對於市場角色與人類自由建立起豐富的觀念寶庫，令當今的概念顯得薄弱。事實上，讓我們忘記我們曾經知道不同的事情，正是市場依賴時代的重大成就之一。古老的傳統有待被發掘。當前時代的強大或然性可能把我們擊敗，讓我們精疲力竭，不確定能否改變任何事。這種虛無主義導致怠惰不動。但是，歷史告訴我們，人們總面對強大或然性；他們也總是為了自己相信對的事情奮鬥。有時，他們會獲勝。

第一章

免費的土地

一八四六年，報紙發行人賀瑞斯．葛里利（Horace Greeley）發起土地改革運動。他投入個人精力與整家公司，倡導聯邦政府應該免費發放一百六十英畝西部土地給所有願意去墾荒的人。他在急速崛起的自家報紙《紐約論壇報》（*New-York Tribune*）的一篇社論公開宣揚他的支持。在該篇社論，他說明在市場之外分配這片土地將可創造自由公民（free citizenry）。分配西部公有土地「將使尚未分配的公眾領域迅速布滿獨立、大量的自耕農，他們將享有一定程度的機會平等與前所未見的優勢。」這不是做公益，而是解決貧窮的方法。「把好手好腳、有意願的人送進貧民所或去乞討的法律實在可恥，」葛里利寫道：「樂意耕種生產的窮人無法取得土地，卻被這個所謂自由人政府給予那些付得起錢的人。」他一直是土改運動頭號倡導人士，直到十六年後通過《公地放領法》（*Homestead Act*）。[1]

葛里利心中有著明確的惡棍：土地獨占以及蓄奴者意圖壟斷免費土地。他指出：「擁有房產或土地的權利是一回事；擁有數萬，甚或數百萬英畝土地則是另一回事。」他譴責「土地壟斷的制度剝奪生產者的工作」，「往往導致他們在自己有信心、有效率耕耘的土地上活活餓死！」

而且早在一八四六年，葛里利便看出免費公地將「豎立起堅不可摧的壁壘以對抗奴役進一步侵犯」。在一八五〇年代，他與自己協助創立的共和黨持續宣揚，公地是阻止蓄奴勢力向西擴張與壟斷美國政治的最佳辦法。[2]

葛里利設想讓大眾取得公共財富是建立在拓荒者殖民主義，以及大規模遷徙與屠殺美國原住民族。美國政府在向西擴張時動用戰爭、遷移、圍堵，甚至更為強制的壓力。如同法律歷史學家史都華・班納（Stuart Banner）所說，使用法律契約購買美國原民土地以及用軍事征服掠奪土地之間有一段差距。但是，從一開始，契約都是由偏袒白人拓荒者的法律機構所簽署，隨著時間推移，那些契約漸趨模糊，無異於征服。邊境的土地只有從原先居住的人手中強行奪走時，才會是「免費」。[3]

然而，《公地放領法》可以教會我們一些美國財富與權力嚴重不平等時代的事。在那個時期，人們將財富與土地所代表的資本不平等視為日常生活權力不平等以及真正缺乏自由。美國人爭論說，財富分配的方式將創造他們居住的社會型態。這種想法可能是更加平等自由，亦可能是倒退且不自由。公眾領域，亦即聯邦政府持有的土地，是否將助長奴役？是否會被大型富裕莊園買賣交易？還是會以限量方式全面分配給工人與拓荒者？免費公地的倡議重新定義了經濟自由，理直氣壯地要求不讓土地進入市場，這項要求來自於一個世代的思想家與社會運動人士所奠定的意識型態基礎。

眾多早期改革者紛紛聚焦在土地問題是有理由的。土地是早期美國資本與財富的主要來源之一，而取得土地的途徑不僅是由家庭建構，更是由社會全體。聯邦政府亦持有大量土地。在美國開國前十年，各州割讓二億三千三百英畝土地給聯邦政府。一八〇三年向法國購買路易斯安那（Louisiana Purchase）更是大舉擴張，讓聯邦政府又增加五億二千三百萬英畝土地。十九世紀前半葉，經由購買與征服，聯邦政府吸收了將近十億英畝土地。[4]

由一八〇三年到南北內戰，如何分配這些土地是美國政治的核心問題之一。預設的決定是在市場上籌募收入。聯邦政府負債累累，需錢孔急。出售所有公地牟利是顯而易見的選擇。由購買路易斯安那到內戰爆發，公地出售約占聯邦收入的大約一〇%。雖然不算是龐大的資金來源，出售公地在貿易關稅之外補充了稅收，當時關稅貢獻了大部分的稅收。[5]

然而，從一開始，把土地當成像是其他東西一樣出售便遭到一些抵制。土地是財富來源，卻不是任何人創造出來的。這種財富的不平等將給分配的兩端都造成問題。窮到無法擁有土地的人將受到地主的隨意擺布。同時，地主可將地租與收益拿來投資於更多土地，造成土地與權力集中在原已富有的人士。這些地主可能利用自身財富來操弄政治，為自己謀利，就像南方要求將蓄奴擴大到西部公地。

你可以在獨立戰爭時代重要作家湯馬斯・潘恩（Thomas Paine）的著作裡讀到這種看法。在其一七九六年出版的小冊子《土地正義》（*Agrarian Justice*），潘恩認為，開發及耕種土地的人「欠社會一筆地租」，他使用這個名詞來說明土地的獨特義務。地主欠每個人一筆錢，因為土地不像其他商品，它不是被人創造出來的。「人並不生產土地，」因此，「他無權將土地永久作為財產處置」。[6]在潘恩的論述中，早期的獵人與牧羊人沒有土地財產的概念。直到人們開始農耕，才有土地財產的概念，因為土地與人們投入土地的投資之間無法再做出區分。但是無論人們在土地投入多少投資與創新，由興建房屋到播種作物，他們都無法創造土地。地主們在這個無人創造的共同資源庫取出資源，所以積欠公眾一筆現金款項。

潘恩擔心大地主的權力增強。他認為，人們無從取得土地所有權將造成貧窮與依賴，讓他們無法充分培養自己成為自由公民。潘恩亦認為地主一開始取得土地便背負公眾債務，那些收入應用來提供全民經濟保障。他主張對繼承土地課稅以融資退休年金與公民成年時的現金津貼，而成為社會安全計畫的雛型。

一些人認為這種主張還不足夠，唯有直接公共所有權才能扼止地主濫權。英激進人士湯馬士·史賓斯（Thomas Spence）認為，潘恩的計畫，包括允許私人擁有土地與僅僅課稅，將造成人們「拿與生俱來的權利換來一鍋粥，出賣自己的權利卻只得到微薄的酬金。」史賓斯擔心，這種現金補貼恐將成為賄賂，讓富人得以打發窮人，然後濫用整個體制。史賓斯認為這種體制之下，「富人將廢除所有醫院、慈善基金，剝奪窮人的教區物資，跟他們說，如今他們得到擁護者潘恩所要求的一切了。」[7]

有關土地問題的爭論不僅限於富裕地主對社會大眾的義務。另外還包括應該確保每個人都有土地。湯馬士・傑佛遜認為土地很特別，因為它可以創造出值得培育的一種公民。他在一七八五年寫信給詹姆士・麥迪遜（James Madison）說：「凡是有未開墾土地與失業窮人的國家，很顯然其財產法均違反了自然權利。土地被當成普通股發放，好讓人們勞動與生活其上。」在其所著《維吉尼亞州隨筆》（*Notes on the State of Virginia*）一書，傑佛遜寫道：「那些在土地上勞動的人是天選之子。」[8]

內戰後城市興起，要求免費土地的聲浪升高。其中一人是湯馬士・史基摩爾（Thomas Skidmore）。一七九〇年出生於康乃狄克州牛頓的一個貧困家庭，史基摩爾離家後在東岸成為流浪家庭教師。最後於一八一九年搬到紐約市，成為一名機械工。生活潦倒又尖酸刻薄，他自學政治與經濟學，飽讀當時各種政治哲學。[9]

史基摩爾的一本主要著作《人類財產權》（*The Rights of Man to Property*）於一八二九年出版。該書的主旨寫在其冗長副標：倡議這一代成人的平等，並將平等傳輸給未來每一代的每個成年人。在書中，史基摩爾主張私人財產大規模重新分配，尤其是土地。

這本書挑戰傑佛遜在獨立宣言中表示，造物者給予人類「一些不可剝奪的權利，包括生命、自由和追求快樂。」史基摩爾認為，沒有財產權的話，其他權利都沒意義。他認為，財產是我們在社會追求快樂所必需，而為了獲得財產，一個人必須冒著生命與自由的危險。「我們難道不是每天看到群眾為了取得財產，在追求傑佛遜視為人類不可剝奪權利之中的快樂時，不得不犧牲自由與健康，往往到頭來還付出整個生命嗎？」[10]

史基摩爾說明了土地改革的激進可能與土地壟斷的威脅。若財產原已公平分配的話便另當別論，但是土地被不公平持有，造成的不公平代代延續下去。史基摩爾認為，世界已急速分裂為「兩類不同的人」，「擁有世界的人，以及一點也沒有的人。」這正是當時紐約市新近都市化的勞工所擔憂的事。因為疾病、火災、汙染與暴力，居住在城市的勞工平均餘命縮短。這些都會勞工是在傑佛遜觀念下成長，認為普及的民主建立在財產所有權之上，許多人擔心變成一輩子領薪水的勞動者，他們視之為依賴與不自由。11

史基摩爾著作的核心是一項紐約州新憲法的二十點計畫，實際上支持機會平等的激進含義。計畫提議全面分配，利用所有財產的超大型拍賣來進行大規模重新分配。首先，史基摩爾提議債務免除，所有私人債務一筆勾銷。接著，紐約州可以取得及評估所有財產，得出一個總金額，將這個總額分配給成年公民，作為有記錄的信貸。公民們再拿這筆信貸去競標財產股權。如此一來，財產將較為平等化。死亡時，公民財產將交還給州政府，再分配給新的人，而不會讓州政府運用權力將財富與特權代代相傳。史基摩爾認為，他的計畫所隱藏的不平等，例如一些人更為勤奮工作或比別人生產更多商品，也是合理的。真正的危險來自於既有的不平等，以及世代繼承財富的不公平分配。12

這不只是一項思想實驗，它後來短暫成為一項政綱。史基摩爾在寫書的同時，亦籌組第一個勞工政黨。經濟衰退使得一八二九年成為紐約勞工的歹年冬。謠傳雇主們想要將工時延長一小時，變成每日十一小時，一群熟練工人舉行公開集會，商討大罷工。史基摩爾也在場，並成為這項運動的領袖，推動工人們要求一系列決議案，包括一項激進決議宣稱「所有人在社會大眾的同意下持有

前便以傳單形式分發，可是葛里利的支持讓它觸及更多群眾。這本小冊開頭便提出一項可觀的提議：「你是一名美國公民嗎？那麼你就是公地的共同持有人。為何不充分利用你的財產為自己買個家？為何不投給自己一座農場？」[19]

這份文件有兩項明確訴求：設定一個人可以持有或繼承的土地面積限制，只能讓拓荒者免費擁有公地，而不是投機者。然後，那些拓荒者可以將他們開墾後的土地賣給尚未持有任何土地的人。「投給自己一座農場」小冊公然呼籲人們作為平等公民，宣示他們基於共同遺產而持有一部分國家財富。

「投給自己一座農場」的語句不僅以自由作為框架，亦針對各種不同的人使用他們各自的用語。如果你很虔誠，「請訴求土地屬於上帝，因為祂創造了土地。並且反抗那些由祂的創造榨取金錢的褻瀆者。」如果你沒有那麼信教，而自認是「充滿理性」，你要說「你的生命權利包括有地方居住的權利」。如果你是「政黨跟隨者」，那麼「你長久以來都用你的選票去幫助狡詐的公職候選人，這一次用選票來幫助你自己吧——投給自己一座農場。」它不但包含各種話題，亦說明自由社會應如何分配財富。他們的敵人就在明處：狡詐的公職候選人，他們根本不在乎你的實際利益，由上帝的創造榨取金錢的褻瀆者，大地主「貴族」，坐享勞動成果的「自私壟斷」，通過土地法的諾曼土地盜賊的「古老罪惡」。藉由利用這種語句，這本小冊設定了勞工們要去對抗的一幫惡徒。[20]

這項有關免費土地奠定自由社會基礎的討論，延續到眾多思想家的作品，包括傑佛遜初期支持自耕農、潘恩的社會義務、史基摩爾政黨的勞工激進主義，以及全國改革協會的動員。他們各有自己的焦點。然而，無論什麼背景，都有一組自由與土地的核心論點一再出現。所有的公地倡導者均堅持他們並不是在倡導慈善。他們倡導公地應成為創造更平等公民的手段，而非只是補償社會輸家。

大規模工業化，及其改變整個經濟與國家，在當時仍遙不可及。然而，即使如此，所有的土改運動都有一個階級敵人，改革者用大篇議論攻擊他們所謂的「土地獨占」。他們認為，地主利用政府以確保他們擁有最佳地段。地主們還想投機炒作，意思是說，他們放任原本可供社群生產的土地荒蕪淒涼。等到別人勞動創建起社群之後，投機者此時便願意賣出，賺取暴利。藉由囤積一個地區所有的生產資本，地主逼迫人們成為受薪勞工，聽憑老闆虐待才能生存。如同後來共同創立共和黨的喬治・華盛頓・朱利安（George Washington Julian）指出：「土地獨占給國家造成剩餘勞動人口，不但剝奪他們與生俱有的土地權，又施加條件才願意給他們食物與庇護所。」21

＊＊＊

這些論點需要有人來推廣，葛里利接受這項挑戰。一八一一年，葛里利出生在新罕布夏州阿姆赫斯特的一座農場。年幼時，他的父親因為債務而失去家庭農場。他在學校成績優異；十三歲時，校長請他回家，坦承他們已經沒有什麼可以教他了。他在一八三一年前往紐約，創立報紙《紐約客》（*New-Yorker*），沒多久便在一八三七的大恐慌之中倒閉。大恐慌被怪罪在民主黨經濟政策，正好助長了輝格黨（Whig Party），其紐約領袖將年輕的葛里利納入他們麾下。葛里利在一八三八年成為輝格黨報《傑佛遜人》（*The Jeffersonian*）的編輯，而後在一八四一年，他創辦《紐約論壇報》。

葛里利的倡議舉足輕重，因為他是十九世紀中葉美國最知名人物之一。他是《紐約論壇報》發行人及編輯，該報在創辦十五年內，日報、周刊或半周刊的訂戶讀者達到將近二十八萬。這使它成為全球最具影響力報刊之一。因此，即便與葛里利意見相左的人也必須跟他往來，拿他的概念來襯托他們自己的。[22]

葛里利是位現代人。雖然是輝格黨重量級人物，葛里利並未迷失在政黨保守主義，而是自稱「保守主義與激進主義之間的仲裁者、詮釋者、調解人」。你可以在他對經濟與勞工的意見上看出這種角色。葛里利認為，經濟裡的每一方都具有一種共同利益，尤其是勞資雙方。他拒絕將勞資視為敵對利益。葛里利支持勞工，但討厭階級衝突。他贊成仲裁、勞工合作社與十小時工時，但反對罷工。如同當代許多人士，葛里利認為，支薪勞動將削弱勞工的性格。葛里利更進一步，支持他認為有助於人們自立自足的激進政府政策，例如關稅。[23]

他對各方共同利益與自立自足的概念在領導土地改革及免費公地時達到最完備，他將土地視為市場經濟興起下勞工不安的解決方案。葛里利透過伊凡斯而接觸到公地運動。儘管一開始感到遲疑，葛里利接受全國改革議題，並且傾注全部影響力在全國推廣。不到一年，葛里利宣布五十份報紙支持他倡議免費土地的所推動的土改，而這也反映出他厭惡階級衝突。葛里利認為，企業也將因為免費土地而獲益。「大西部升起的每道炊煙，」他寫說：「代表著紐約會計室與倉庫的一名新客戶。」他不是寫出「向西行，年輕人」這句口號的人，卻是讓它流行的人。葛里利形容免費公地是「勞資關係的絕佳規範者，我們工業與社會引擎的安全閥。」安全閥的暗喻成為葛里利的關鍵。他將土地所有權視為對抗經濟衰退的方法，在失業增加時，給勞工一個機會。在他看來，免費公地與限制持有土地是「將勞工由奴役與悲慘解放出來所絕對必需」。葛里利認為，這種安全閥將可協助在成長的城市中被遺忘的人。他在一八四八年曾短暫進入國會，上任第二天便提出公地法案。當被問到為何來自紐約的人要如此大力推動西部免費土地時，他回答，他「代表的無土地人士多過國會任何其他議員」。24

＊＊＊

一八四六年美墨戰爭爆發，扭轉了土地的政治風向。一八四五到一八四九年擔任美國總統的波克（James K. Polk），其所收購的土地多於美國史上所有其他總統，甚至超出傑佛遜與購買路易斯安那案。波克買下奧瑞岡與美國西北部，並對墨西哥發動戰爭以奪取西南部。以及，波克逼迫墨西哥政府交出現在的加州、新墨西哥州、亞利桑那州和德州，他所屬的民主黨很生氣，美國竟然沒有奪下全部墨西哥。此時的美國南方不僅將蓄奴視為其特有機制，更是主要經濟體系，應該要橫掃西半球政治。種植棉花的蓄奴在一八五〇年代不斷擴張，趁著金融市場擴大與南方控制美國外交政策之便，無論是以「王者棉花」為主的經濟，或者同樣靠著奴役的古巴蔗糖、巴西咖啡，南方認為西半球的未來都要依賴奴工，而她掌控一切。25

一八二〇年的密蘇里妥協案（Missouri Compromise）規範蓄奴如何延伸到購買路易斯安那案的土地，但是這片新取得的領土改變了蓄奴的問題。賓州民主黨議員大衛・威摩特（David Wilmot）提出一條但書，以阻撓蓄奴擴大到這些新土地，眾院通過，但參院闖關失敗。突然間，北方人，無論民主黨或輝格黨，都認為南方想要奪取土地作為擴張蓄奴。反過來，南方認為北方試圖扼殺南方整個政治與經濟生態。政治沿著分界線而分裂。

墨西哥戰爭增強葛里利對擴張蓄奴的反對。打從一開始，他就反對這場戰爭，並在《紐約論壇報》寫說它「貪婪不義」，「完全是基於為了維持與增強蓄奴」。葛里利支持威摩特但書（Wilmot Proviso），認為這是「美國北方反對打著美國旗號進一步拓展蓄奴的嚴肅聲明」。廢奴主義者注意到這項轉折。查爾斯・索姆奈（Charles Sumner）指出，《紐約論壇報》「終於就蓄奴議題發言」。[26]

西部土地能否以免費公地的形式取得抑或被用來擴張蓄奴，成為一八五〇年代自由爭論的核心。參與這項議題爭論的一名人士是朱利安，這名前輝格黨黨員於一八五〇年以印地安那州自由土地黨（Free Soil）代表當選眾議員。一八五一年一月他在首度眾院演說便支持田納西州民主黨議員安德魯・強森（Andrew Johnson）提出的公地法案。在眾院會議廳，朱利亞說明為何土改是常識：他說土地改革者「並不是倡導齊頭式政策，企圖以立法的突兀舉動剝奪富人的財產。他們只是要求，在奠定大西部無人居住地區的帝國基礎時，國會應當認可本國無土地公民在其土地上擁有房屋的天生權利。」

但是，令強森與溫和士改派驚慌的是，朱利安竟然在演說中嘲諷一八五〇年大妥協案（Great Compromise）的提案者，該案旨在平衡蓄奴擴散到西部。他表示，公地可以終結蓄奴，宣稱「採取我提出的政策將比一八五〇年妥協案更能好好『解決』奴隸問題。」「免費公地，」他接著說：「是反蓄奴措施。」朱利安相信公地可以削弱奴隸制的意識型態，證明人類有權擁有住家與享受自己勞動的成果，勞動本身便是美德。[27]

一八五〇年代之前，美國南方對於公地及開放西部土地的看法不一。然而，及至一八五二年，南方採取反對立場。他們有許多反對的實際理由：南方擔心相對人口流失；無法輕易招募新人，許多工業自由人口都離開南方，移到印地安那、伊利諾、威斯康辛、愛荷華及明尼蘇達等州。更重要的是，南方明白公地放領與其拓展蓄奴的利益衝突。南方人擔心，蓄奴勢力在新土地贏不過公地放領。離開蓄奴州前往自由州的人，對於蓄奴沒什麼想法，一旦離開便會拋棄這個念頭。亞伯拉罕・林肯（Abraham Lincoln）七歲時，舉家由蓄奴州肯塔基搬去自由州印地安那，便是一例。[28]

一八五〇年《逃亡奴隸法案》（*Fugitive Slave Act*）通過，許多北方人擔憂全國政治將一面倒向奴役。葛里利抨擊該法案，怒罵它是「惡劣與不可饒恕的暴政」，把北方州變成「蓄奴者的幫凶與執行長，就為了分到一丁點不正當利得。」但是，讓葛里利與其他北方人忍無可忍、自行籌建新政黨的最後一根稻草，是一八五四年《堪薩斯－內布拉斯加法案》（*Kansas-Nebraska Act*）。該法案由民主黨議員史蒂芬・道格拉斯（Stephen Douglas）提出，旨在允許堪薩斯與內布拉斯加可被認定為蓄奴州或自由州，視當地公民投票結果而定。事實上，該法案等同允許蓄奴可以擴展到西部每個地方，打破密蘇里妥協案限制蓄奴不得拓展到西北部。葛里利立即在《紐約論壇報》寫說：「道格拉斯與其支持者推行的內布拉斯加運動」是「背信忘義、臭名昭彰之舉。」支持蓄奴與反對蓄奴的勢力在堪薩斯州爆發衝突時，葛里利與佛雷德瑞克・奧姆斯德（Frederick Law Olmsted）聯手買下一門大砲，運給當地反對擴張蓄奴的人；奧姆斯德日後成為紐約中央公園與展望公園的知名景觀設計家。（這門大砲及時送到堪薩斯羅倫斯，擊退支持蓄奴勢力的攻擊。）葛里利寫說界限很清楚：「讓所有反對蓄奴者團結一致的問題就是堪薩斯問題。」29

共和黨便是在這項衝突當中成立的，朱利安與葛里利等人皆為創始黨員。該政黨勢如破竹，一八五六年幾乎拿下總統寶座。共和黨的核心焦點是阻止蓄奴擴張到任何新土地。他們的政綱亦結合葛里利支持的輝格黨內政優先事項，包括關稅、鐵路開發與免費公地。30

蓄奴南方在一八五二至一八六〇年間持續掌控參院及總統職位。那段時期三項公地法案獲眾院通過，卻全部被參院否決。一八六〇年初一項公地法案獲參眾兩院通過，卻遭民主黨總統詹姆士・布坎南（James Buchanan）否決。《紐約論壇報》刊登逐句反駁布坎南否決聲明的文章，葛里利向讀者提出一個修辭問題：「有人認為林肯會否決這種法案嗎？」那一年林肯當選美國總統。31

《公地法案》於一八六二年五月二十日獲得通過。該法案提供所有成年公民或打算成為公民的人可申請一百六十英畝的已丈量政府土地。申請者必須改善土地，興建住所，五年後便可免費取得土地，扣除一小筆登記費。土地不得用來償還拓荒者債務，公地不得再作為美國債務擔保品。

《公地法案》具有重大缺陷。它並未充分預防投機，因為土地投機者可以花錢叫人去冒領土地，坐擁最佳地段，直到可以出售為止。政府亦另外支付巨額補貼給興建鐵路的土地，意味著拓荒者只能選擇留在剩餘土地，或是花高價去購買更好的土地。公地亦未能建構葛里利期望的安全閥。向西行的代價高昂，讓人們不敢輕易嘗試。經濟衰退時期，工人們無法籌集西行旅費與取得公地的資金，因而限制了這項政策因應失業的效果；那些有錢抵達公地、開始墾荒的人也很難穩定下來，因為一個農耕季節歉收便足以決定他們的成敗。一個家庭成功取得公地，便有另一個家庭離開或出售公地權利。[32]

可是，即便問題重重，它仍為可以運用的人提供了機會。這是財富大幅轉移，美國史上最大規模的一次，讓一般人可以養家活口。後來的七十六年間，三百萬人申請公地，近一百五十萬人取得公地。轉移了將近二億四千六百萬英畝土地，相當於一六％公地。作為比較，這相當於德州與加州加總面積的九成。一項調查發現，四千六百萬美國人是最初《公地法案》取得土地者的後裔。所有土地都是免費的，由公眾領域分發給願意開墾土地的公民。[33]

《公地法案》證明，機會與財富廣泛分配、國家財富應該為誰服務，以及我們應該創造何種國家的信念，驅動及組織起人們。它亦證明，生存所需基本資源與財富應保留在市場之外的概念，鼓動了美國歷史上的觀念與政治。然而，這個概念也有其能力未達之處，我們可在美國重建時期南方土地政策以及葛里利的轉變看出來。

＊＊＊

美國內戰落幕後，自由奴隸產生社會學家杜波伊斯（W.E.B. Du Bois）所說的「土地飢渴」，他們渴望擁有財產，「是真正解放奴隸的絕對基本、必要事項。」這項願意有機會實現。為了酬謝跟隨他征戰東南方的新近解放奴隸，薛曼將軍（William Tecumseh Sherman）於一八六五年一月十六日頒布特別野戰命令十五號，將喬治亞洲海島與南卡羅萊納州查爾斯頓以南地區分發給自由奴隸。每戶家庭可領到四十英畝，軍隊會幫他們取得騾子。（這很可能是俗語「四十英畝及一匹騾子」的起源。）及至一八六五年六月，已有四萬名自由人定居在以前蓄奴階級最富裕的四十萬英畝土地上。為了協助新近解放奴隸而設立的政府機關，自由人署（Freedmen's Bureau），控制南方八十五萬英畝廢棄土地。署長霍華德將軍（O. O. Howard）於一八六五年七月頒布通報十三號，開始將這些土地分割為一塊四十英畝，分發給自由人。這些措施並不持久。林肯遭暗殺後，副總統詹森接掌。他隨即終結這兩項命令，將所有土地歸還給前南方邦聯的地主。34

國會在一八六六年通過《南方公地法案》，釋出四千六百萬英畝土地。內戰時期，朱利安一直堅持北方必須打破南方持有的龐大土地，將之轉變為公地，才能把打破種植園主的權力，把奴隸經濟轉變為自由勞動經濟。這項倡議失敗了，但是朱利安仍然期望他的《南方公地法案》可助使自由人自給自足。然而，由於白人的暴力恐怖以及自由奴隸缺乏資本，鮮少自由人能夠利用南方公地。許多土地淪為商業利益榨取資源之用。儘管《公地法案》持續到一九七〇年代，《南方公地法案》僅十年後便遭到廢除。只有二萬八千人取得土地，不到五千五百名自由人能夠參與到免費公地的承諾。35

葛里利一開始是支持重建南方（Reconstruction）。他在一八六六年寫說：「如果我們可以結束黑人仍是農奴的長久爭論」，那麼「我們便能成為一個打敗破產的政黨，生命也有豐富價值了。」然而，他抗拒沒收前蓄奴主的土地，重新分配給自由人，他說：「我們必須明白沒收充公的罪惡太過嚴重，不值得去做這種實驗。」葛里利於是向南方灌輸公地的概念。他向一群黑人聽眾表示「你們全部都能成為地主，只要你們願意，」這將會「給你獨立、自尊的感受，而不必等著在政府沒收蓄奴的土地興建房屋。」雖然葛里利數十年來都在擔憂中央持有土地的權力，即使他是蓄奴的最大力批評者，他也無法勉強自己支持重新分配蓄奴主的土地。然而，掠奪西部美國原住民的土地時，他卻沒有這種遲疑。[36]

如同當時的許多共和黨人，葛里利認為終結奴隸，創造自由勞工不必再跟奴役勞工競爭的國家，將可帶來北方與南方勞工的大規模繁盛。可是，內戰後的工業化進程不斷加速，在增加資本家階級財富的同時，亦造成貧窮與階級衝突。一八六三到一八七三年間，單是紐約州便有二四九次罷工。等到一八七二年，勞工抗爭已經幾乎成為常態，勞資對立已逐漸被視為普通事情。

和葛里利一樣認為經濟利益存在自然和諧的人，如今擔憂廣泛的勞工抗爭，並認為重建南方加劇了動亂。他們將南方自由人要求政治與公民權利以及北方要求勞工權益連結起來。因而反對重建南方持續進行。葛里利主張，自由人應該「自力更生」，而不是期望政府給予更多。一向以反對蓄奴而自豪的《紐約論壇報》開始刊載政治宣傳，反對南方州政府的黑人領導，用「廢墟之州」之類的作為新聞標題。[37]

一八七二年，這些疏離的共和黨脫黨，自行籌組自由共和黨，並出乎眾人意料之外，選擇葛里利作為總統提名人。民主黨知道他們無法成功自行參選，便支持葛里利。這場選戰變得很尷尬，因為葛里利數十年來都罵民主黨是「謀殺犯，通奸犯，酒鬼，懦夫，騙子，小偷。」為了掩飾那些謾罵，葛里利說：「我從來沒講過民主黨是酒吧老闆。我說的是所有的酒吧老闆都是民主黨。」葛里利在大選時慘敗給格蘭特（Ulysses S. Grant），在三十七州只拿下六州。數周後他便死去。雖然在此敗北，他的政綱終究獲勝，重建南方被取消，共和黨在後年數十年轉變為親商政黨。[38]

在對於重建南方的立場轉變，我們可以看到在美國，自由是一個不斷進化的觀念。葛里利以往認為只要廢除蓄奴，提供自由勞工政策的背景便足以確保人們自立自足，不受他們的恣意擺布。葛里利因而倡導創造這種自由的原創觀念，其中最重要的是免費公地。可是重建南方的艱難挑戰讓葛里利了解到，在新時代，這還不夠。新時代需要自由的新定義，政府必須壓抑市場的新方法。這迫使他做出抉擇：自由可能來自於堅持民權與勞工權利以對抗白人優越與工業化，也可能來自於放任拋棄這兩者，以顧及經濟自由。他做出了錯誤選擇。

第二章

自由的時間

法蘭克．魏吉曼（Frank Wigeman）一八八四年伊始便接到壞消息。新年當天，魏吉曼到高查爾斯公司（Godcharles & Company）上班，他從前一年便在這家賓州鐵釘工廠工作。魏吉曼一到班便獲悉他被減薪了。高查爾斯公司向來付給員工薪水條，這是代金形式，只能到公司經營的商店換取現金。這類公司商店大多地處偏遠，收取的費率遠高於其他地方的價格。支付員工薪水條不久前於一八八一年被視為違法，因為新的州法通過以保障勞工。魏吉曼提起訴訟，要求他應得到的八七．六七美元現金薪資。[1]

這項法律有兩項獨特之處。首先，這項法律的宗旨是保障勞工遭受不當對待。雖然並非不常見，它還具有另一項特點：凌駕於勞動契約之上。勞動契約受到嚴苛，甚至封建的法院判例規範。員工若未履行契約不得索取積欠薪資，其他雇主不得挖角原已受聘員工，員工自負工傷風險，雇主得完全控制員工行動。雖然這些預設規定可能修改，雇主往往在協商時掌握優勢。

這表示想要藉由修改勞動契約的預設規定來限制每日工時，將遭遇勞工缺乏實權的問題。雇主會要求勞工取消這些建議。舉例來說，一八六八年賓州通過一條法律，預設每天工作八小時。可是這條法律充其量只是建議，因為它無權阻止工時變長。它只是說，若無另行約定，勞動契約將以此為準。如果契約另行規定，則以規定為準。賓州舒爾基郡礦工試圖依據法律工作八小時後便不再工作，雇主反而要求延長工時。工人們展開罷工，企圖依法爭取自己的利益，但終究無法爭取到每天工作八小時。伊利諾州與麻州也是一樣，州法提出工時限制引發勞工據此罷工，然而雇主成功迫使勞工協商，讓州法無用武之地。[2]

不過，這項一八八一年的法律不一樣，因為它白紙黑字禁止支付勞工只能用在公司商店的薪水條。倡議該法的政治人物與勞工組織明白它具有爭議性，反對者則迅速反駁說，政府無權亦不能更改人們自願簽署的私人勞動契約。支持者花了十年精心架構他們的論調，克服實務與法律異議。他們指出，勞資雙方權力不均，所以，勞動契約並非自願簽署。倡導者亦表示，法院不應強制實施「利用弱勢團體、侵犯公民民權或違反公共政策」的勞動契約，而且勞動契約「剝奪公民自由權，屬於壓迫性質……不應受到法律保障。」[3]

這件高查爾斯對魏吉曼的官司一路打到賓州最高法院，但法院站在公司那一方。魏吉曼不僅輸掉官司，更慘的是，法院完全封殺那條一八八一年法律，開啟接下來五十年法庭大戰經濟法規的戰爭。一八八〇年代有數件其他州級官司，依據「契約自由」（freedom of contract）的概念廢除了經濟法規。一八八六年，伊利諾州法院廢除要求礦場主人設置並使用磅秤來決定礦工薪資的規定，理由是它干涉了勞工磋商勞動條件的能力。伊薩克・戈登（Isaac Gordon）法官寫的短短三百三十五字判決意見書，講得清清楚楚。戈登認為，禁止薪水條的法律「雙雙侵犯雇主與員工權利；尤有甚者，它是汙辱舉動，試圖將勞動者置於立法保護之下，不但貶低其人格，更是顛覆他作為美國公民的權利。」戈登明白這是有關自由的爭論。他在結語指出，勞工「出售勞力換取他最想要的，無論是金錢或商品，正如同其雇主可出售其鐵礦或煤礦，任何法律禁止他這麼做便是侵犯其憲法權利，因此邪惡且不合法。」這項判例的邏輯在之後數十年廣泛流傳，阻斷各州試圖訂定類似限制薪水條或增強勞工磋商籌碼的法律。4

契約是自由的基本形式，政府永不得干預市場——這對十九世紀初期的勞工與法官來說同樣出乎預料。十九世紀前半葉的地方法與州法一直建設市場以解決全體社群的疑慮。城市與州通常規範產品，設立執照，監督公共市場以確保競爭團體之間的平衡。如同羅傑・塔尼（Roger Taney）一八二七年在最高法院表示，法律從來不懂銷售有一種自然權利，否則有人「可能在市中心販賣大量槍枝，危及市場生命。」或是「在令公眾不悅及不便之處販售獸皮、魚獲之類的物品，危及市民健康；他可能在自家倉庫舉行拍賣，拒絕納稅給國家；他可能零售；他可能做攤販。」這種財產絕對權利必須建立起來。5

政府永不得介入勞資雙方之間的行動，是一種自由主義幻想。國家一直在建構市場，十九世紀末期，政府與法院強力干預以增強資方權力，同時打壓勞工行動。國家這麼做，造福了一項當時尚稱新穎的概念，即何謂市場經濟下的自由，這個概念在我們這個時代再度掌控一切。

職場一直是自由議題的核心戰場。在職場，我們宛如置身私人政府。上班時，老闆叫我們如何行動、做什麼事，甚至控制基本生理自主權，例如我們什麼時候可以上廁所。老闆也能在我們職場以外的生活施加強大控制，指揮我們可以說些什麼，監控我們的政治行動。一旦違反他們的規定，公家政府可以把我們囚禁起來；私人政府擁有同等廣大的權力，因為他們可以開除我們，造成嚴重後果，剝奪我們生活所需的基本必需品與資源。不同於公家政府的民主形式，私人政府沒有公平、盡職，甚或規律性的假設。私人政府因而表現得像是迷你版專制國家。員工可以辭職不幹，卻無法箝制這種專制傾向。人們明白這點，因此數世紀來，美國人要求辭職以外的更多權力。6

在職場的抗爭中，勞工提出的一項訴求是縮短工時，最顯著的是「八小時工作日」（Eight-Hour Day）工運。勞工要求限制工時以增加休閒時間，另外也是為了在衰退時期減少失業，提升生產力以促進經濟成長。可是，不僅如此，勞工們亦要求不受市場控制的空間與時間。勞工明白，如果他們沒有自由時間，便無法擁有享受自由圓滿生活所需的關係與承諾。和勞動一樣，時間是一種虛擬商品，無法儲存或是由實際生活之中切割出來。勞工明白，他們必須出賣時間才能生存。然而，老闆與職場可能嚴重霸占他們時間，意味著需要時間去做的其他事情都會被犧牲。7

這則故事幾乎和美國一樣古老。除了要求土地改革及免費公地，一八三〇年代的都會勞工亦要求縮短工時。一八三五年五月，一群波士頓的木匠、磚瓦匠和石匠撰寫與發布「十小時通報」，這篇簡短文件要求十小時工作日。他們的論點清楚且正當。「造物主給予我們時間，健康和力氣。我們斷然拒絕讓任何人有權指使我們應該出賣多少。」這種體制「可惡，殘酷，不公平，暴虐」，漫長工時把工人變成空殼子，而不是從事原本高貴勞動的公民。這份通報形容老闆強迫工人「在過勞之下耗盡體力與心力，不想吃也不想睡，許多人甚至沒有吃和睡的權力」，引發勞工共鳴，尤其是新近成為受薪勞工的人。

這份通報的撰寫者呼籲勞工認知到他們的自然權利，老闆們藉由對他們施加控制已然違反這種權利。被榨乾的公民不可能成為「國家或人的權利（Rights of Man）的朋友」，他們也不可能履行「美國公民與社會成員的責任」。通報撰寫者也明白，工時過長代表著不尊重勞工是經濟價值創造者。「我們願意承擔自己的責任，並且履行我們社會生活的服務，假如我們可以被當成人，而不是載重的牲畜。」最後，他們將工時過長的抗爭寄託在美國革命的記憶，寫道：「我們謹以先父在革命戰場上拋灑的熱血，宣示美國自由人應享的權利，沒有世俗權力可以阻止我們正當的宣示而不受懲罰。」[8]

這份文件的發刊是一大成功，引發抗議與罷工浪潮。在波士頓，閱讀與爭論這項通報促使人們在之後六個月罷工要求十小時工作日。雖然宣告失敗，東北部其他行動則成功了。等到這項印行的通報於一八三五年六月傳到費城，它所創造的能量引發堪稱美國第一次全面罷工。剛開始是織工要求十小時工作日，迅速蔓延到費城各行各業，砌磚工、泥水匠、磚瓦匠、雪茄工，城市員工、烘焙師、馬具匠和印刷工都急速接棒加入。房屋油漆工加入罷工，宣稱「現今的勞動體制壓迫且不公義」，而且「破壞社會幸福，貶低自由人的名聲。」不到一個半星期，二十多種行業都加入罷工。勞工組織遊行，手拿標語牌，寫著「朝六晚六，十小時工作，兩小時吃飯」。該市因而首度通過十小時工時法律，設定公共員工的標準，許多民間雇主不再要求加長工時。在巴爾的摩，罷工成功幫該市機械工爭取到十小時工作日。紐約的造船工人同樣因為罷工而縮短了工時。9

這波罷工潮傳達一個明確訊息，並且延續到下個世紀的新興工運，那就是時間變成新美國經濟的一種貨幣。對於時間的訴求讓面臨不同工作環境的工人團結起來。各種產業與技能程度的勞工各有不同的薪資與職場要求，無論好壞，在談到如何組織工會的時候，也未必認為他們是在同一條船上。然而，大家都要求休息時間，與家人相處的時間，投入社區的時間。時間變成一種協調勞工需求的機制。雪茄工與砌磚工都認為確保更多時間可以創造更好的世界，而讓他們在企業界團結一致。他們不必逐一產業、逐一公司去要求薪資，而是用時間作為衡量裝置去決定整個經濟的合理工作環境。由於雇主們想要在經濟之中占有更多地位，時間於是成為自由觀點的普世指標以及戰爭。10

＊＊＊

美國內戰時間，北方因為軍事動員而短缺勞工，使得勞工得到前所未有的力量。林肯在第一任就職演說時說過一段名言：「資本不過是勞動的成果，如果不是先有勞動，便不可能存在資本。」他的政府大體上並不敵視勞工團體，給他們組織工會的喘息空間。一八六三到一八六四年間，工會數量增至三倍以上，由七十九個增至二百七十個，工會工人達到二十萬名的紀錄。勞工報紙開始壯大，機械工與鐵匠的報紙，《芬徹工會評論》（*Fincher's Trades' Review*），是其中最大規模，並且是要求縮短工時的重要領袖。《芬徹工會評論》的編輯認為：「勞動是平等。勞動是尊嚴。勞動是力量。它可以自行規範工時。」[11]

共和黨後來反對重建案，部分原因是該法案加劇勞工抗爭。可是，一小撮人認為爭取縮短工時是對抗奴役的重要延伸。對於八小時工作日發表意見的最重要思想家之一，艾拉．史都華（Ira Steward），基於廢奴精神而支持這項運動。史都華認為，八小時工作日「代表打擊貧窮，反對貴族，反對壟斷，反對奴役。」史都華以為，為了完成反對奴役的傳承，除了必須讓美國工人脫離財產奴隸，也要脫離「薪水奴隸」。史都華出生於一八三一年，在麻州成長。內戰前做機械工學徒每天工作十二小時，所以才會支持縮短工時的運動。他積極參與機械工與鐵匠國際工會，並且是麻州八小時大聯盟的領導人，另一位領導人是廢奴人士溫戴爾．菲利普斯（Wendell Phillips）。他鍥而不捨地倡議縮短工時，撰寫小冊子，在議會作證，向勞工們演說。[12]

史都華是試圖了解民主與勞工自由在工業社會應呈現何種樣貌的先驅。他主張縮短工時與生活薪資（living wage），這個名詞即是他創造出來。他認為，調高薪資與縮短工時不只對勞工本人有好處，對整個經濟亦有利。高薪可創造更多商品需求，進而推動更多生產。短工時意味著工作量可以擴散給更多人，減少經濟變革造成的失業。短工時亦代表著提高生產力，因為雇主將設法投資，好讓工作生產更多，而這可以增加薪水。如此將形成良性循環，每個人都能過得更好。[13]

這種看法將勞工與消費者成為創造經濟價值的核心，而不是老闆與資方。在史都華看來，勞工「消費最多」，所以他們「提供最多就業」，調高他們薪資與縮短工時將可創造高就業率。不然的話，經濟可能遭受嚴重衰退打擊，個人將無力自行加以改變。[14]

史都華亦認為，消費主義是實現工業化民主的方法。民眾享受工業經濟所帶來的繁榮，才能讓引擎不停運轉；在他看來，「消費主義」意指勞工有能力透過自己生產的合理分潤去購買他們需要的東西。他認為這是駕馭及運用勞工階級力量與穩定經濟的方法。他抨擊那些用節儉與自我否認等觀念去管束勞工階級的人。勞工背負「奢侈的罵名」，「是為了證明薪水不應再調高的說詞」。消費主義不只是個人滿足自己的欲望與喜好，更是勞工要求在他們自己創造的經濟分一杯羹。

史都華毫不遲疑地批評當時的大眾文化。他哀嘆那些「靠著販賣蘭姆酒，印刷廉價小說，賽馬或打棒球維生」的人，因為他們讓工人「沒有充分野心為任何事感到激動。」被輕浮事物干擾的大眾文化意味著工人們「去看馬戲團，但從不參加勞工集會；很樂意接收罷工者留下的職缺。」儘管史都華對於許多事情很嚴厲，他表示興起中的勞工階級文化來得更有內涵。勞工培養出一種文化以控制他們的時間與社區，維持他們的傳統與社群，舒緩他們時常面對的殘酷工作條件。縮短工時可以促進自由，創造公民社會繁盛所需要的時間與文化空間。[15]

工人們的訴求不斷增加，這個經濟讓他們獲得更多，卻也失去自己、與家人相處及投入社群的時間。在一八九八年被問及勞工要求什麼時，薩謬爾·龔帕斯（Samuel Gompers），美國勞工聯盟（AFL）會長，簡潔回答說：「更多！今天更多，明天更多；然後，更多更多。」「更多」不是指一定的薪水，或一定的政策。而是指確保勞工得到更多他們的生產，而不是眼睜睜看著盈餘流入到所得分配最頂端的人。「更多」的要求可用來協調分裂勞工階級的各個陣線。

如同歷史學家羅珊·庫拉里諾（Rosanne Currarino）所說，這種更多政治學超出職場，延伸到整個社會。龔帕斯說勞工要求「更多休閒，更多休息，更多機會……可以去公園，有更好的房子，讀書，培養更多欲望。」「更多」是組織社會、確保繁榮廣泛共享、創造豐富社會生活與勞工生活的一種方式。龔帕斯要求「更多生活裡的美好事物；更好的房子，更好的環境，更高的教育，更高的理想，更高貴的想法，更多人類情感，所有構成自由、獨立、關愛、高貴、真誠與憐憫人性的人類本能。」它亦提供勞工反對的東西，如龔帕斯所說：「勞工想要什麼？我們想要更多校舍，更少監獄；更多書本，更少軍火；更多學習，更少罪惡；更多休閒，更少貪婪；更多正義，更少復仇；事實上，是更多培養美好天性的機會。」16

時間是這種更多政治學的基本要素之一，而限制工時成為其運動訴求之一。藉由設定八小時工作日的最高工作量，更多政治學得以描繪更廣泛的繁榮，而不只是薪水。一八七〇年代的抗爭歌曲《八小時》（*Eight Hours*）一開始便唱出這項訴求：

我們想要改善狀況；
我們厭倦做白工；
我們或許足以糊口，
卻沒有一小時可以思考。
我們想要感受陽光，
我們想要嗅聞花香；

我們確信上帝也如此希望，
我們想要八小時。17

八小時工作日是十九世紀後期勞工核心訴求之一。一八八四年行會與工會聯盟（Federation of Organized Trades and Labor Unions）發布一項決議案，「自一八八六年五月一日起，八小時應成為法定每日工時。」這項訴求鼓動人們的效果遠超過該聯盟想像，在當年引發一波街頭勞工抗爭。工人們高喊口號「八小時工作，八小時休息，八小時做我們想做的事！」一八八六年全美各地爆發罷工。這些罷工發生在經濟擴張時期，工人要求共享新繁榮，有更好的薪水、更短的工時，在職場上有更多發言權。他們受到勞動騎士團（Knights of Labor）地方分會的鼓動，把縮短工時的呼籲轉化為行動。雖然一八八〇年代初期便有許多罷工，一八八六年的件數增逾一倍。在那一年五月之前，便已有二十五萬名勞工參與縮短工時的訴求。到了五月第二周，人數已增至三十四萬名，其中十九萬人罷工。那一年有五十萬勞工參加近一萬家機構的一千四百次罷工，是前一年的一倍以上。估計二十萬勞工成功獲得他們要求的縮短工時。18

十九世紀末葉的勞工在要求控制工時的運動遭遇各種可能的反對。總統會派遣軍隊終止罷工以協助企業。老闆會部署特別小組去毆打甚至槍擊工人。但是，有一個團體超越這些，不只是他們掌握的權力，更在於他們願意動用國家暴力去支持一項對立的自由理論：法院與法官。19

* * *

一八八〇至一九一〇年間，二千八百萬人遷移到都市，單是一九〇〇到一九一〇年便有一千兩百萬人。這代表人口大遷徙。一八八〇年，僅二八％人口居住在都會區。及至一九一〇年，這項比率已上升到四六％。日益都市化的國家改變了日常生活的許多層面，包括生產與食品採購的大幅轉變。許多人住的租屋沒有火爐，就算有的話，也因為擁擠不堪而難以開伙。其結果之一是烘焙業成長。[20]

今日，我們或許把烘焙看成一種手工藝，在本地農民市場擺攤的現烤麵包。不過，麵包業是很嚴肅的，是這個時期工業變革的一部分。餅乾不是零食，而是可以渡過長途旅行的不易腐爛糧食。大型企業組成托拉斯來壟斷餅乾業，全國餅乾公司（National Biscuit Company）便控制七〇％的市場。在城裡，麵包店通常是小型、本地經營，但工人面臨艱苦危險的工作環境。幾乎所有烘烤爐都設在房子地下室，因為那兒才能承受火爐與補給品的重量。這些地下室通常安裝磚泥砌成的下水道，容易溢漏，氣味難聞。地下室缺乏日照，空氣不流通。這種環境讓傳染病蔓延。現代的主要死因是心臟病與癌症，當時最常見的死亡是傳染病。一九〇〇年最常見的死亡是肺炎與肺結核；許多人認為肺結核是廉價租屋地下室擁擠汙穢的工作環境所造成，這是有正當理由的。[21]

除了環境不衛生，工作本身就很艱難。在狹窄地下室空間搬動笨重麵粉袋以賺取微薄薪水還不是最糟的部分。更痛苦的是工時。一八八一年紐約烘焙工的一次罷工要求削減工時到十二小時工作日。有一項估計指出，一八九五年的烘焙工每周工作七十四小時；一些地方甚至更長，一些報告說長達一百一十四小時。如同一名紐約工人指出：「烘焙工被剝奪日光，剝奪任何讓生活甜美、渴望的東西，剩下日夜不停工作。」在這種工作環境下，根本不可能有家庭生活，更別說參與廣大公民社會。22

因應這種悲慘情況，紐約在一八九五年通過《紐約烘焙店法案》。新法規範烘焙店的環境，實施每天最長工時十小時或一周六十小時。在法案通過之前，許多勞動法只是預設背景，唯有在沒有另行約定下才具效力，輕易便被雇主要求的條件給廢除。一個勞工團體在一八六七年感慨說道：「八小時法已在六州議會通過，儘管有其實際意圖與目的，這些法律好像從來沒有寫在法律大全上，只能被視為對勞工階級的詐欺。」烘焙店法案的設計是要避免在這些方面失敗。如同賓州的薪水條法，它內建實行機制。不遵守將遭到刑罰，而且為了確保遵循法規，該法案建立一支工廠視察員小組去進行執法。23

一九〇一年四月，紐約州由提卡一家小麵包店的老闆約瑟夫・洛克納（Joseph Lochner），雇用一名烘焙工阿曼・史密特（Aman Schmitter），叫他每周工作超過六十小時。洛克納後來被控違反《紐約烘焙店法案》的輕罪，他以前也被控類似罪名。一年後在審判時，洛克納並未認罪或不認罪，或提出任何辯解。法官判他有罪，要求他支付五十美元或拘役五十天。洛克納一路上訴到美國最高法院，並在一九〇五年審理。24

最高法院早已推翻許多經濟立法。當時最高法院甫阻擋一項所得稅，削弱反托拉斯執法，捍衛更易阻止罷工的勞工禁制令。人們並不清楚最高法院會對這件案子採取什麼立場。許多人以為最高法院會認為這種勞動法符合州治安權的權限，或是州政府規範公民健康與安全的能力範圍。25

但是，最高法院並未做出那種判決，而成為美國法典上一起聲名狼藉的判例。在「洛克納對紐約案」（Lochner v. New York），美國最高法院駁回法律限制最高工時，理由是人們有契約自由。大法官魯福斯・佩克漢（Rufus Peckham）在五比四多數通過的判決書中寫道，烘焙店法案「必然干涉到勞雇之間的契約權，就員工在雇主麵包店的工作時數而言。」他接著說：「無庸爭議，烘焙工這類行業在智力與能力無異於其他行業或勞力職業的人，他們也不是沒有州的保護便無法維護自己的權益與照顧他們自己。」26

佩克漢援引第十四修正案來佐證這項攻擊。在美國內戰後，國會裡的激進共和黨主導通過兩項修正案，翻修聯邦政府、州與公民之間的關係，俾以確保新近自由的人可以獲得自由。其目標是利用聯邦政府去預防各州「在未經適當法律程序之下剝奪任何人的生命、自由或財產」，並且確保「美國公民的投票權不會被美國或任何州基於種族、膚色或之前奴役加以否認或刪節」，這些保障分別寫入第十四與第十五修正案。不同於《權利法案》的重點是預防國會實施影響公民的某些行動，這些重建時期的修正案分別在結尾時允諾「國會有權利用適當立法來實施本條款」。跟最低工資法一樣，激進共和黨明白這些權利必須在法律條文之外實施。這是美國的第二次奠基，將實施平等原則的權力寫入憲法。

最高法院使用重建修正案來攻擊勞動立法實在是悲哀至極的諷刺，那絕對不是修正案的本義，而且最高法院亦放棄使用修正案維護南方黑人的公民權利。在洛克納案判決之前兩年，一九〇三年的「吉爾斯對哈里斯案」（Giles v. Harris），最高法院認定《吉姆・克勞法》（*Jim Crow*）限制黑人投票的新法並未違反第十五修正案。最高法院扭曲重建修正案，將之用做打擊勞工的武器，此舉否認了修正案挑戰白人優越的目的。[27]

洛克納案判決十分差勁，值得細數其謬誤之處。其中兩項尤其嚴重，分別在兩項反對意見予以強調。第一項反對意見是大法官約翰・哈蘭（John Marshall Harlan）所寫，他認為該法是憲法保障的治安權，最高法院卻踰越權限，假定州級經濟立法並不合憲。哈蘭指出，治安權賦予州政府規範公共衛生、安全和良好秩序的能力，而規範工時完全符合其權限。在通過該法時，合理說明了工時直接影響工人的健康與安全。哈蘭寫說：「每天超過十小時工作……可能危及健康，並且縮短工人壽命……應該成為本案的終結。無論最長工時法是不是一個好主意，最高法院都不該事後批評州議會通過的法律內容。」[28]

哈蘭在他的反對意見指出，這項判決將「造成深遠與惡意的後果」，因為它將「嚴重癱瘓國家照顧公民生命、健康與福祉的固有權力。」以一小撮人的善變性格及偏見取代實際立法議題，讓最高法院可能通過什麼案子變得很不確定。在洛克納案，大多數意見認為，「以常識而言，烘焙這個行業從未被視為不健康。」（對此襲帕斯回應說：「如果大多數簽署這份意見書的法官曾去過本州的烘焙店，並且看到普遍的情況，即使根據十小時法律，他們也會相信規範工時符合本州的治安權。」）儘管最高法院認為烘焙工不需要保護，在一九一七年「邦庭對奧瑞岡案」（Bunting v.

Oregon），法院維持磨坊、工廠和製造勞工的十小時工作日。此時，最高法院究竟認為何種職業應該受到勞動市場保護成為瞎猜的遊戲。29

最高法院如何看待不同群體，也是個謎。一九〇八年，最高法院在「穆勒對奧瑞岡案」（Muller v. Oregon）判決最長工時法適用於女性，俾以「維護種族的力量與活力」。十五年後，在一九二三年「艾德金斯對兒童醫院案」（Adkins v. Children's Hospital）駁回女性最低工資法，理由是女性如今可以投票了，因此不需要勞動市場保護。大法官的行動可能劇烈搖擺，取決於他們審理的時期，一九一一年前積極反對立法，一九二三年後也是。這不是解決工業社會新的、普遍問題的辦法。30

這種模稜兩可的態度被想要駁回經濟立法，並且在一開始便加以阻止的人拿來當成武器。洛克納案的支持者表示，最高法院並未駁回當時大量的經濟法案。但是，這些判決冷卻及扭曲那些設法解社會問題的人士的想像與行動。司法審查導致每一項法律面對永久、無條理的威脅。這限制與扭曲了行動的可能性與野心，削弱了解決方案，直到新政。31

不過，最高法院所作所為還有一項更為深入的批評，寫在洛克納案的第二份反對意見書，由大法官奧利佛・霍姆斯（Oliver Wendell Holmes Jr.）所寫。在這份言簡意賅的意見書，霍姆斯寫說，憲法「並不是為了實踐特定經濟理論，無論是父權主義、公民與國家的有機關係或放任自由，」而本案判決係依據「本國一大部分都不贊同的經濟理論。」他說了一段名言：「第十四修正案並不是要執行赫伯特・史賓塞先生的《社會靜力學》（*Social Statics*）」，意指體現當時保守派自由放任觀念的經濟學教科書。

霍姆斯指出，所謂真正中立的市場不過是謊言。以財產為例。我們的常識以及法院採用的常識，認為你持有財產是你對財產具有垂直關係。可是，財產其實是一種人際之間的水平關係，依據社會規則、互相威逼和互惠責任。我擁有我的房子，不是因為我與磚塊、木材具有特殊關係，而是因為我可以排除其他人使用我的房子。我們可以說那是我的財產，因為別人必須遵守不進入我的房子的責任，我有權力按照我的想法去使用，別人不能阻止。國家及其機構不能對此保持中立，因為他們是設定及執行這種排除限制的人。以自由為名亦無法解決問題，因為一些人經濟自由的擴張，來自於限制他人的自由。財產權不是一件靜態事情，而應視為一組，各有不同權益、特權、權力與責任，可用任何方式加以衡量。簽約以改變財產的能力，不過是個人叫國家去執行這些社會責任與威逼網絡的不同方式。32

政府向來干預決策，為了圖利某些人而犧牲其他人。霍姆斯舉出的例子包括限制高利貸、樂透與股市投機，禁止星期日從事某些活動，以及強制接種疫苗法。這些都對人們簽約的能力造成限制，也都曾在公共論壇上爭論。除了霍姆斯提及的法律，國家亦曾採取無數行動去圖利公司等資本所有人，限縮股東的債務責任，擬定破產法，以及執行契約。法院沒有異議，如同他們也不反對動用反托拉斯法去對付工會，或是頒布禁制令阻止勞工罷工。法院有異議的時候都是法律為勞工提供更佳保障的時候。他們願意採用特定經濟學立場去推翻法律，不僅踰越權限，亦將優惠的經濟觀點寫入憲法之中。33

霍姆斯在洛克納案的反對意見書指出，應當有一個民主程序來決定如何設立這個體制。霍姆斯本人可能持保守派經濟觀點，或許認為勞工想要透過立法來改善生活不太可能達到什麼成果。不過他明白，這是一個開放問題，他鄙視司法體系讓他們偏愛的經濟理論付諸實行所造成的定論。霍姆斯寫說，憲法「是為了基本上看法不同的人設立」，以實驗與找出答案。霍姆斯受到新學派實用主義（Pragmatism）的影響，認為一項理論的效用在於其實用性，並認為尋找真理應該用實驗與演化想法作為模型。因此，工業經濟下的自由定義也應是如此。34

以小規模土地所有權為核心的美國經濟夢，曾是一八五〇年代風行的政治運動，隨著國家步上工業化卻迅速崩解。轉型至受薪勞動急遽改變美國勞工生活，到了他們無法再控制自己工時的程度。於是他們反抗，明確表達他們自己的自由維繫在能夠控制自己的時間，與家人相處以及成為社群的活躍分子。自由的時間被視為市場的檢核機制。縮短工時代表更多穩定就業，這在經濟衰退與科技進步摧毀工作之時格外重要。它同時代表更高的薪水，進而提升生產力，對抗衰退的影響，讓勞工得以享用他們創造的財富。它要求更多——更多生活的美好事物。工運便是圍繞這個觀念。他們遭遇粗暴反動，不僅僅來自於企業。財產與市場即為自由，這種由法院發明與實施的觀念，嚴重限制了民主成就。

這對有工作的勞工已經夠糟了。但是，那些無法工作的人怎麼辦？那些找不到工作，或者因為太老、生病、殘障而無法參與受薪勞動的人怎麼辦？那些因為當時危險工作而嚴重受傷的人怎麼辦？這無異於對自由的攻擊，而為了解決問題必須設立一種全新的保障形式：社會保險。

第三章
自由的生命

一九一五年十月二十二日，自信滿滿的保險精算師艾薩克・魯賓諾（Isaac Max Rubinow），在紐約市亞斯特飯店召開的一項精算師大會上宣稱，他們應該為美國將興起社會保險浪潮做好準備。社會保險是一項公共計畫，目的是為了因應現代社會的經濟風險。魯賓諾後來指出，這些風險包括「意外、疾病、年老、失業」，並稱之為「蹂躪每個現代工業社會數百萬受薪勞工生命與財富的四騎士」。他認為社會保險不只是經濟保障，更是自由基礎。如果生命將被超出自己所能控制的經濟力量所摧毀，那麼沒有人會是自由的。社會保險透過安全來提供自由。

會議上的保險專家認為，魯賓諾與當場近四十名精算師所清楚表達、分類及量化的現代經濟風險，是政府早晚要解決的問題。魯賓諾宣稱：「更加自由與平等的薪酬分配，消滅惡性選擇制度，為某些人強制保險，更好的公共控制或調整體系，最後，由公共控制費率，這些趨勢是不會錯的。」如同那一年稍早時他向同一群人說：「社會保險是必需且無可避免。」

當時，魯賓諾不僅是美國社會保險的權威人士，更是主要的從業人員，推動這個新興領域往新方向發展。在那次十月的大會，他是以美國產物保險精算與統計協會（Casualty Actuarial and Statistical Society of America）主席的身分發表演說，該協會由專家組成，研究保險新領域，同時調整保單。當天他的演說之後發表十二份報告，由竊盜保險到機率曲線到死亡給付的估算。無論題目有多麼技術性，會場裡洋溢著改變的興奮情緒。魯賓諾在會議開幕便宣布全美各地辯論與通過法律的新聞。他們有充分理由相信，全民健康照護與普及的社保體系很快就會通過。1

可是，在那之後便沒有進展。魯賓諾退出共眾舞台，直到將近二十年後，美國才建立失業與老年貧困的基本國家公共保險。一個世紀過後，這個項目仍然尚未完成。然而，魯賓諾與他那一代的改革者感到振奮是有理的；他們設定了自由與安全的新定義。他們認為，他們對於當時十分普遍的意外、貧窮與死亡的統計模型，不是為了指出人們運氣不好或缺乏積極作為。這些災情是現代經濟創造出來的新式不自由，而這些改革者的計畫是要解決這種不自由，但他們的社會並不想知道答案。他們不僅提出經濟訴求，指出若放任不管，私人市場與民間社團將永遠無法解決問題。他們更進一步說明，他們的新概念，社會保險，是復興美國自由所必需。

我們不斷重新面臨社會保險的問題。市場無法提供真正的貧困、疾病、年老與殘障保障，這件事大家都明白，卻不願接受，因為我們一直指望市場與本地社群可以解決這件事。可是，公共保險的論點在一個世紀前便或多或少為人知曉，這些論點在當前仍然適用，可帶給我們啟示。那些作家、思想家與社運人士研究及說明二十世紀初期的新工業經濟在人們最脆弱的時候，棄他們於不顧。他們發現的答案在今日依然適用。

* * *

一八八〇至一九二〇年的期間，美國急速都市化。由農場搬去城裡做雇傭勞動的人，不僅發現他們的生活與工作環境改變，連保障底線也跟著改變。農場生活有屋子可住、足夠糧食可過活，但這些基本在城市與支薪勞動都無法再確保。因為疾病、意外或裁員而失去全部或大多數當前與未來收入，突然間以新的、橫掃方式威脅家庭。[2]

貧窮的觀念也隨之改變。在十九世紀後葉，美國人對貧窮有著衝突、幾乎矛盾的看法。一方面，美國人認為貧窮是不必要的，因為國家物產豐饒，過日子綽綽有餘。他們以國家幅員遼闊自豪，並認為這給大家帶來機會。另一方面，他們又認為貧窮不可避免，甚至是必要的，而且有益於社會。貧窮對於富人與窮人都扮演一股推動力量。它鼓勵富人去做社區慈善，同時強迫窮人由絕望中學習，促使他們勤勞、節儉、有耐性。通俗小說，像是霍瑞修・愛爾傑（Horatio Alger）所寫的，說明貧窮逆境如何讓人們通往成功。[3]

然而，非常緩慢地，尤其是在一八九〇年開始，那些站在抗貧前線的人逐漸對其運動與後果有不同看法，他們不再認為個人失敗導致貧窮，而開始把貧窮視為社會弊病的結果。這種看法將貧窮重新定義為不安全及機能不全的問題，而不是依賴與不道德。貧窮並不會造就偉大，而是困住人們，限制他們的可能性。你可以在羅素・塞奇基金會（Russell Sage Foundation）討論一九一四年兒童貧窮的專題著作看到這項改變，書中表示貧窮「沒有殺人，卻很傷人」，它是一種「爭取永恆機會的緩慢、長期比賽」，「廉價租屋裡的兒童參加比賽，卻總是面臨障礙」。貧窮對於社會平衡來說並不值得，亦不必要；相反的，它反映出社會沒有為最脆弱者提供工作與收入。4

學者、學生和社工對於貧窮的認知不同，改變了兩組重要且互相連結的假設。其一是貧窮的定義由一種道德情況轉變為低收入，因而難以取得食物、衣物、住處的更為客觀情況。如同社工羅伯・杭特（Robert Hunter）所說，貧窮家庭「或許可以勉強糊口，卻無法獲得讓他們維持體能的必需品，」因此「吃不飽，穿不暖，住不好。」這種新認知模糊了貧窮值得與不值得之間的分界線，讓窮人社會距離遙遠的分界線。杭特認為，就算是「較為幸運的勞動者，在機器停止運轉時，也只有數周時間便會陷入困境。」貧窮是一種無法藉由受薪工作取得一定收入水準的情況。5

秉持這種看法，研究者發現，貧窮更為普遍、持續，而不像一般人認為的是個人性格問題。根據研究者對於最低收入的標準，各項估計並不相同，不過按照三名子女家庭收入的合理定義，大約三千萬到五千萬美國人屬於貧窮。另一項估計指出，大約四成勞工生活在貧窮當中。當時的貧窮研究者發現，面對這種環境的人，僅一二%到二五%，用他們的話來說，是因為個人行為的「不值得」理由。絕大多數窮人是因為無法固定賺取薪資。6

這些發現導致第二項新觀念，亦即貧窮與危險的工作環境有關。如果能否逃避貧窮跟一個人的道德價值無關，而是他們能否一直獲得受薪勞動，那麼勞動條件與環境便成為了解為何貧窮會持續的核心。如果人們受傷、生病、年老，那麼即使是最有美德、最辛勞工作的人也會陷入貧窮。專注在受傷是重點，因為大量死亡與受傷是工業化美國職場的特色。在二十世紀初期，每年每一千名勞工便有一人死於意外，大約二%勞動力因為工安意外死亡或失能一個月以上。鐵路與煤礦工人的死亡率尤其高得驚人。一八九〇年，鐵路工人、火車工人、火車上的司閘員和煤礦工每年的死亡率介於每十萬人二一五人至一千一百人之間。換成今日來看，二〇一五年美國最危險的工作，伐木，致命死亡率為每十萬人一三二人。在這些新工業職位工作的眾多人數所面對的死亡率是今日最危險工作的二倍到八倍以上。專家發現，當時美國的工作比歐洲更為危險，美國煤礦工人死亡率高出二倍到四倍以上，看跟哪個歐洲國家比較而定。[7]

* * *

這是美國誕生社會保險觀念的大環境，魯賓諾是把這個觀念介紹給美國人的主要領袖之一。一八七五年出生在俄羅斯一個富裕猶太紡織商人家庭，因為迫害變本加厲之故，一八九三年舉家由莫斯科逃到紐約市。魯賓諾多年來一直與俄羅斯保持聯繫，擔任俄羅斯報紙的美國特派員。雖然魯賓諾成長時並不是正統猶太人，他極為欣賞互相幫助的猶太傳統，尤其是提供保險給生病的人的團體。他對這種傳統的認識，而覺得公共福利基金的觀念似乎可行。

魯賓諾就讀紐約大學醫學院，自一八九九到一九〇三年在紐約市貧民區行醫。在這個角色，他目睹貧窮與健康不佳將他的病患鎖在一個自動執行的循環。他時常沒跟貧窮患者收費，還送錢給他們。他後來去哥倫比亞大學唸研究所，鑽研經濟學與統計學，而後便放棄行醫，轉任政府公職。他主持一項歐洲勞工保險法種類的大型研究，最終報告長達三千多頁。一九一一年，他搬回紐約從事統計師，俾以站在社會保險運動的前線。他不斷發表有關勞工保險的學術文章，並且推動如何評估及預測勞工風險的新技術。

魯賓諾加入進步時代（Progressive Era）的主流團隊，例如美國勞工立法協會，成為《調查》（*Survey*）特約編輯，這是一本討論社會工作新領域的領導刊物。他在紐約慈善學校教授社會保險，這或許是美國相關科目的首個課程。一九一二年時，他已站在新社會保險運動的學術前線，設法要進一步推動。[8]

他自信地利用自己對新統計方法與社會科學的專業知識來推動公共改革，魯賓諾成為進步時代改革家的代表。但他同時也是移民與社會主義者。他說自己支持「改革、重造，急遽改變我們的社會機制。」至於進步時代的同僚，魯賓諾指出「他們害怕改變」，「挖東牆補西牆，就是他們社會願景的極限。」這種摻雜的感受讓魯賓諾擁有獨特能力，得以將他對國際實驗的認識與廣泛政治願景兩相結合，接下來三十年他都使用這種方法。[9]

美國各地急速對社會保險產生興趣之後，這項運動需要一份前進的藍圖。魯賓諾於是在一九一三年寫出一本教科書《社會保險：特別參考美國情況》（*Social Insurance: With Special Reference to American Conditions*），並成為這項運動的標準。它如此具決定性，以致一九三〇年代初期，每當有大蕭條（Great Depression）的新教科書出版時，都會提到那本書啟發了他們。魯賓援，同時扮演紀律及管理的父權角色，因為國家並不支持這種角色。它可以達成共同解決方案，而不是由遠距離實施限制性政府行動。[15]

這種志願主義的觀點是美國特有的共同行動形式，外國訪客都注意到其獨特性。法國貴族與政治家亞歷西斯·托克維爾（Alexis de Tocqueville）在其一八四〇年《美國的民主》（*Democracy in America*）一書提到，「在美國……我時常稱讚美國人讓大群人立定一個共同目標、並且引導他們自願朝著目標前進的高超技巧。」托克維爾認為，志願協會不僅監控國家暴政，亦可完成歐洲人指望國家實施的目標。「每當有什麼新任務，你會期待看到在法國帶頭的是政府，在英國是大貴族，而在美國你必然會看到某個協會。」[16]

志願協會的範疇廣大。根據一項估計，一九一〇年三分之一的成年男性隸屬於某種兄弟會組織。雖然可以合理假設當時兄弟會成員大多為白人男性，事實上，女性、黑人與移民亦成立自己的互助組織。「馬克白夫人」（The Ladies of the Maccabees）創立於一八九二年，作為一個壽險協會的分會。後來它成為女性營運的最大兄弟會組織，會員在一九二〇年超過二十萬。「真改革者團結秩序」（The United Order of True Reformers）於一八七二年創立於肯塔基，作為一個全白人兄弟會組織的小型黑人分會。及至一九一〇年，它有五萬會員遍布二十州，並且允許女性入會，其工作受到政治家布克·華盛頓（Booker T. Washington）與杜波伊斯（W.E.B. Du Bois）的稱讚。無數志願團體是由移民與種族社區成立，並利用他們的資源來幫忙新來的移民融入嶄新的城市。[17]

這個新政之前的時期被今日的保守派予以浪漫化，他們不但認為這些團體位於解決公眾問題的前線，而且政府，尤其是聯邦政府，大多沒有擔任重大的經濟角色。然而，這個十九世紀末葉至二十世紀初葉無政府經濟的故事，不過是又一則自由主義幻想。聯邦政府在創造與擴大市場經濟扮演領導角色。舉例來說，紐約通過全世界第一項公司登記程序的法律。貿易政策包括指在保護與拓展國內產業的關稅。聯邦政府主導建設全國通訊與運輸網路。這些計畫往往透過私部門與公部門合作來完成，而政府時常授權民間單位去執行。但是，這些仍屬於公共計畫。如同托克維爾筆下的美國，「政府當局似乎焦慮地決心不被人看見」。18

整個十九世紀，解決貧窮與提供社會保險的措施，都有這種公部門與私部門合作的特色。由殖民時期到十九世紀初葉，提供救助是城、郡和教區的法律責任。本地社區有責任提供援助給來此定居與生活的人。可是，隨著美國社會流動性升高，定居程度降低，援助越來越難辦到。這個非正式、本地體系被興建救濟院給取代，它刻意設計得很簡陋，讓人們不想住在裡頭。這種悲慘的狀況變成沒有收入與家人支援的孤兒、精神疾病與老年人的預設援助體系。19

在新政之前的這段時期，有人嘗試提供不同的社會保險計畫，最著名的是南北戰爭退役軍人的年金。在一九一〇年的高峰，這項實際上為殘障與老年年金系統，提供津貼給逾二五％美國六十五歲以上男性，約占聯邦政府支出的四分之一。此外，在一九一一到一九二〇年間，四十州通過法律，為撫養子女的單身女性設立「母親年金」。這些計畫提供給付給清寒的寡母，以幫助她們撫養小孩。20

隨著美國成長，正式社保體系的需求變得益發明顯，志願社團試圖扛起這項艱難任務。然生活水平」，以及「預防他們窮困潦倒」。這使得社保成為「真正階級立法」，可以「更為平等地調整國民生產的分配」。30

這兩種方法的差異在失業保險案例可以看得更為清楚，當這個主題在大蕭條時期終於開始受到辯論時，社保運動也一分為二。一九三二年，威斯康辛州以預防的概念通過了失業保險。它設立個別公司提撥基金，用課稅作為財源，以公司為基準支付失業保險。康芒斯稱讚這符合「資本主義國家公共政策，使用利潤動機來預防失業。」

作為回應，俄亥俄州成立研究失業保險的一個委員會，按照魯賓諾的想法，推動全州保險，設立一個共同集資的保險基金，對失業勞工給付更加慷慨。魯賓諾的看法是，個別公司無法承擔經濟整體風險；他們在經濟衰退時無法維持失業基金；而現代經濟總是存在一定的失業率，因此公部門必須保證最低比率的分配支出。魯賓諾認為，市場只需一些公共指導便可運作良好不過是另一種幻想。真正的問題是，社會是否願意去彌補市場體系伴隨的缺陷。失業保險不是為了確定個別企業不會把成本施加在勞工身上，而是社會本身要去提供、去防堵經濟整體風險。31

這些有關失業與其他社保形式的原則一直要等到大蕭條，才有機會成為聯邦法律，因為在初期風行雷厲之後，運動便陷入停頓，在一九二〇年代完全消失。原因有很多。美國加入第一次世界大戰去對抗德國，讓美國人質疑源自敵國的政策。突然間，社保在國際間的成功都變成包袱。「德國製造」成為攻擊一九一〇年代實施的健保法案的藉口。雇主、商業保險公司與醫師均發揮他們日益增強的政治實力，去關閉社保實驗。美國勞工聯盟（AFL）等勞工團體在大蕭條之前一直懷疑，甚至反對政府保險，認為這項福利應該納入勞資契約。這些強大的反對浪潮底下的觀念是，社保並沒有需要：我們可以照顧自己，在我們的社群，不必政府幫忙。32

美國社會演化出一些暫時機制，試圖管理持續的經濟風險。由救濟院到軍人年金、志願社團與私人保險。美國人想要在不實施全面社保機制之下，設法管理現代經濟風險。父權主義的威脅與義務計畫，與這種志願、小規模的做法所衍生的自由意識兩相衝突。然而，公民社會並未、亦無法提供因應現代資本主義不安全的充分計畫。

魯賓諾與其同儕努力以新方式來界定自由，在這個人們無論如何努力也無法保障收入的時代。魯賓諾認為，民眾無法自行迴避這些現代風險，進而無法享受更加安全、自由的生活，可以不受制於他們無法控制的市場力量。他們奮鬥了，卻還是無法打破美國開國以來的補丁式、志願體系。直到大蕭條才讓這些原已頹疲的機制立即崩潰，這起衝擊事件最終激起全國討論經濟安全與其對美國自由的基本關係。

第四章
免費的安全

一九三五年初，勞工部長法蘭西絲・柏金斯（Frances Perkins）會晤小羅斯福總統以討論新政的方向。他們已成功穩定國家，重塑金融部門，取消金本位，通過一波經濟改革。不過，他們還有兩件待辦的重大事項。他們仍需要設立一個全國社保體系與確保勞工在職場享有權力的方法。大蕭條這場危機需要解決這些問題，並且也有了進展。經濟安全委員會，由柏金斯主持的專家團體，打算公布一份報告，說明聯邦政府解決失業與老年經濟不安全的社會保險體系。雖然早期新政改革有幾條條款允許勞工籌組工會，國會正在草擬正式通過工會權益的法案。然而，他們依然面對兩項數十年來阻止改革的挑戰：美國不願意接受公共社保，以及敵對的最高法院。針對後者，他們有個計畫。小羅斯福在會議上告訴柏金斯：「法院裡需要有一些我任命的人。如此一來，我們便能從他們那裡得到好的判決。」[1]

這些戰鬥需要新的自由觀念以抑制及約束市場，最終催生被稱為新政兩大成就：確定勞工有權籌組工會的《華格納法案》（*Wagner Act*）與《社會安全法案》（*Social Security*）。這些成就協助實現職場內的勞工自由，以及人們可從市場外獲得安全的社會自由。這些里程碑是數十年來大眾籌組工會與抗爭的成果。目的是要賦權予人們，捍衛這個自由觀念，並透過自己的努力來擴大自由。但首先，法案必須通過立法。

早在她成為第一位女性閣員之前，柏金斯的生涯是作為紐約勞工的倡議者。在麻州曼荷蓮學院（Mount Holyoke College）主修物理學的時候，她修了一門課，使用社會科學的新工具進行麻州伍斯特周遭工廠的工作環境調查。她看到工安意外與不規律的工時破壞了家庭，製造了貧窮。在讀過雅各．里斯（Jacob Riis）的《另一半人怎麼生活》（*How the Other Half Lives*）這本研究紐約市窮人的書，並受到全國消費者聯盟主席佛羅倫絲．凱利（Florence Kelley）演說的鼓舞，她投身於解決都市與工業貧窮的問題。大學畢業後，她在紐約全國消費者聯盟工作，與凱利密切合作，這個倡議團體的宗旨是終結童工與血汗工廠的可怕工作環境。柏金斯的一部分工作是調查骯髒的紐約地下室烘焙店，也就是「洛克納對紐約案」的核心。[2]

柏金斯的人生在一九一一年三月二十五日永遠改變了。在華盛頓廣場公園附近的曼哈頓喝茶，她親眼目睹當時一件決定性工安意外。在公園另一邊，三角女用襯衫工廠（Triangle Shirtwaist Factory）發生火警。在衝向火場時，柏金斯看到女人們為了逃避大火而從屋頂跳下，卻墜樓而亡。總計一四六人死亡，大多數為女工。柏金斯被指派到一個特別委員會，去調查及建議更好、更安全的工作環境。委員會其他成員包括羅伯．華格納（Robert Wagner）一起合作，他後來成為美回到一九二八年十二月，即將任期屆滿的柯立芝總統（John Calvin Coolidge）在國情咨文寫說，美國應該「滿足地看待現在，以樂觀期望未來。」一年後，股市崩盤，整體經濟在一九三〇年萎縮一二．六%，二萬六千家企業倒閉，失業率升破一一%。失業率直線飆升，一九三二年已升抵二〇%。[8]

第一位面對這次危機的總統是胡佛（Herbert Clark Hoover）。胡佛整個生涯見證了志願主義的力量，他認為志願團體與公民組織採取的行動，是美國個人主義傳統的最高表現。他的理念是駕馭商業與公民團體的志願能量，利用政府去勸誘人們做私人行動，而不是直接執行政府責任。胡佛在生涯裡用這招獲得極大成功。一戰期間，他管理美國糧食署。在這個職位，他呼籲美國人少吃肉，實施自我配給，以協助軍隊，他用這個方法確保國家糧食供給與戰事得以維持。在另一個職位，他主導援助比利時人，他亦敦促慈善機構支持與志願援助。一九二〇年代在柯立芝政府擔任商務部長，胡佛依然採取這種志願方法，鼓勵人們在每件事都採取私人行動，像是失業、救災與工業監管。[9]

當上總統後，胡佛認為必須對大蕭條採取因應，但是私人與公民部門也應該投入這項任務。胡佛在一九三一年說，政府的回應必須要鼓勵美國人「透過志願奉獻，保持慈善與互助精神。」他在意識上被困在明顯需要採取行動以及堅持唯有私部門才能回應的矛盾之間。他越是施壓慈善與志願團體去補強經濟疲弱，他們便越是抗拒。他們的地方性、暫時性與鎖定對象的協助，根本比不過大蕭條全國性、持續性與全面的悲慘。用歷史學家艾利斯．霍利（Ellis W. Hawley）的話來說，胡佛企圖推動「原子式個人主義的非中央集權版本，給志願主義營造浪漫形象，說他們比政府行動更貼近真正民主，並且樂觀評估私部門採取有益的政府行動的能力。」然而，奉行這種觀念之下，他把國家治理得很失敗。[10]

志願主義不足以作為治理國家的理念，正好伴隨著建構起日常生活的志願組織趨於瓦解。但志願社團在此之前便已舉步維艱，不是在大蕭條才開始。兄弟會組織在一九二〇年代便經歷會員成長放緩。領導人與管理階層侵占公款與貪汙的傳聞嚇跑了新會員，不敢把錢託付給他們。電影與廣播節目等新大眾媒體技術，成為替代的娛樂來源。移民組織的新成員越來越少，因為移民限制更加嚴格。這些限制亦反映在志願社團無力提供喪葬保險之外的社會保險。一九二〇至一九三〇年間，兄弟會社團支付的福利金僅二．四％用於老年基金，八成到九成都用在死亡津貼。[11]

大蕭條毀掉這些組織僅剩的一切。由福利團體到營建與貸款協會、兄弟會保單與銀行，在經濟崩潰的前幾年均出現大幅倒閉率。隨著失業變得普遍與長期，人們很快便耗盡存款，以及他們可以依賴求援的網絡。在這種情況下，民間慈善及公民組織面臨龐大的援助需求。但這些團體卻勸募不到新捐款。

這種功能不彰不只是破壞了特定組織的名聲而已。歷史學家麗莎貝思．科恩（Lizabeth Cohen）發現，大蕭條不僅是「造成失去工作、房屋及保險」，亦「令人質疑一九二〇年代倖存下來的機構。」新政提供銀行保險，阻止勞工的房子被銀行沒收，雇用找不到工作的人，政府向勞工證明，她可以填補市場留下的缺口。勞工們因而了解，身為公民，他們可以正當申請這些福利。[12]

天』。」沒有公共社保，「生活將在持續的恐懼及不安全之中渡過。若這種情況不只發生在個人身上，而是人口的一大部分，國家政策便應該加以修補及預防。」她把社會保險稱為一項發明，「解放人類的前進一大步」，應當用以持續確保人們過著自由生活。[17]

《社會安全法案》獲得通過，部分原因是老年人的要求。由老年醫師理查．湯森（Richard Townsend）於一九三四年創立的湯森俱樂部，在全國如雨後春筍般成立。三年內，這個倡議團體估計達到七千個，會員三百五十萬人，他們的報紙號稱發行量達二百萬份。他們的訴求被稱為湯森計畫，其實很簡單：每位六十歲以上的退休人士，每月領取二百美元。他們大聲呼籲，讓他們的議員知道他們的訴求。這項運動所構成的政治威脅，讓小羅斯福政府得以確保參議院在審核《社會安全法案》時，保留老年年金的資金來源。[18]

觀察家訝異指出，這項運動具有一種「老式美國宗教」的氛圍。當時很多人抱怨年輕人「狂野」；《紐約時報》報導，倡議者認為這項計畫將增加支出，從而「讓年輕人去工作，讓他們脫離吸菸、喝威士忌、路邊擁吻愛撫的怠惰地獄。」[19]但這項運動亦有其狹隘特質，不參考許多其他國家的老年年金經驗。一份小冊子表示，在湯森計畫通過後，我們「國家將引領其他國家。」這項政策倡議也有一種業餘特質。專業人士抨擊該計畫缺少實際數值。在眾院就資金來源的問題發表證詞時，湯森回答：「我對計畫的成本毫不關心。」[20]

可是，該計畫成功了。國會在審核法案時，參議院金融委員會非常不確定是否從《社會安全法案》剔除老年年金。經濟安全委員會執行董事艾德恩．威特（Edwin Witte）被數名參議員叫去說明。威特表示，如果他們不通過，「可能的替代方案是修正版湯森計畫。」這便足以爭取到足夠票數。《社會安全法案》與後來《聯邦醫療保險》法案的主要設計者威爾伯・柯恩（Wilbur Cohen）在一九八六年表示：「我認為更為激進的湯森計畫幫我們爭取到社會安全這種確實的計畫，」因為「政治議題的激進觀念確實有助於建立溫和中間派聯盟。」[21]

這種運動如此成功的一個理由是，它切中又窮又老的人所面對的深刻不自由。救濟院的恐怖與依賴慈善機構的羞恥，在這項運動的政治素材裡被一而再提及。其中一份小冊表示：「你只需去參觀美國的救濟院與貧民院，你只需跟住在裡頭的老年人談話，便會明白在現今體系下，事情一團糟。」等他們的計畫付諸實行後，老年人將「不再因害怕貧民院及必須接受救濟而癱瘓。」湯森說明他發現自己的病人急速惡化，因為他們「發現自己不僅無助，而且成為財務拮据親友們的負擔，」因而深感絕望。沒有人比老年人更清楚貧窮讓人變得不自由，以及人們無法控制偶發的不幸。[22]

在社保革命展開的同時，工作場所也發生了革命。在《華格納法案》之前，一九三三年通過《全國工業復甦法案》（NIRA），該法案是為了讓各個產業之間合作，設立工業競爭行為的法規。可惜的是，雖然有人期望這可以讓企業負起社會責任，大公司卻主導了有關決定價格與生產的條例制定程序。該法案於一九三五年五月終結在最高法院手上。然而，這些工業法規確實包含了最長工時與最低工資，該法亦禁止童工與某些產業的其他血汗工廠慣例。勞工法的倡導者指出，在這些法規執行後，工業運作良好。這證明了工業與全國勞工政策可以並存。

該法的一節似乎有欠考量，後來成為炸藥引信，點燃全美各地的勞工。第七節（一）規定成立工會的程序。勞工領袖利用這條，開始籌組工會。美國聯合礦工協會（UMWA）主席約翰·路易士（John Llewellyn Lewis），開始鼓吹煤礦工人組工會，他一開始就說：「總統要你們加入工會。」這些行動又刺激了更大規模的活動。一九三四年爆發一波罷工潮，由加州、紐澤西農場工人到舊金山市的工人大罷工，到全國各地的紡織工人。那一年總計有超過一千八百場罷工，一百四十七萬人勞工參與，占美國勞動力的一半以上。這些罷工遭遇老闆們強烈抗拒。然而，罷工仍持續進行，數百萬勞工認為總統與政府決心為他們的工作場所注入某種民主。[23]

但現實極為複雜。在最高法院封殺NIRA以後，需要有勞工籌組工會的新程序。取而代之的是一九三五年七月通過的《全國勞工關係法案》，通常稱為華格納法案。紐約參議員華格納多年來一直在推動這項立法，一九三四年新政在期中選舉獲得大勝，給予該法強大動力。自從二十五年前的三角女用襯衫工廠大火之後，華格納便與柏金斯合作，當時他主持紐約州工廠調查委員會。現在他們聯手設立一個機制讓全國各地工人組工會。但是，柏金斯與小羅斯福並不是站在工運的領導陣線；在參院審議時，他們兩人都不支持華格納法案。柏金斯與小羅斯福的優先事項是透過法律與公共計畫來協助勞工，而不是直接支持他們成立工會。在國會審議的途中，小羅斯福著眼於一九三六年選舉，突然轉變立場，支持該法案作為「第二個百日」（Second Hundred Days，亦稱為第二新政）的一環，該計畫亦包括推動激進課稅及修改公營事業控股公司的公司結構。

小羅斯福在一九三五年七月五日簽署華格納法案。該法確認勞工組工會的權利，與組工會的機制。該法阻止老闆們從事不公平、反工會的行為，同時確保罷工的權利。它改變了工作場所內部的平衡，藉由給予勞工一個市場外的機制去決定他們組工會的方式。華格納法案之後是一九三八年的《公平勞動標準法案》。該法擷取NIRA對勞工友善的部分，正式立法，成為美國第一項最低工資與最長工時法。美國首度有法律規定實施時薪四十美分最低工資及每周工時四十小時。企業幾乎沒辦法說該法將扼殺經濟，因為這些部分在NIRA的初期便已至少局部實施。24

法律教授雷貝嘉．齊特洛（Rebecca E. Zietlow）解釋，華格納亦使用自由的論調來推動他的法案。若無集體談判，「就會有契約奴隸。」他表示，美國將所謂經濟權利置於公民自由與福祉之上實在是矛盾：「美國國父並沒有將契約自由視為抽象終點。他們重視這是一個確保平等機會的方法，由強勢一方主導的契約是無法獲得這種機會。」華格納會說，該法案的目的是「要讓勞工成為自由人。」其他的勞工改革支持者也使用這種論調。紐澤西州民主黨籍參議員亞瑟．華許（Arthur Walsh）表示：「任何禁止人們罷工的禁制令或法律，便是奴役的法律，這是我們應當牢記在心的原則。這是自由與奴役的差別。」紐約州民主黨籍眾議員維多．馬坎托尼歐（Vito Marcantonio）質問說：「除非國會保障勞工，否則他們有什麼自由？被奴役的自由，被擴散的體制折磨的自由，在加速的體制下工作到死的自由，以微薄薪資工作的自由，長時間工作的自由。」俄亥俄州民主黨籍眾議員查爾斯．特魯阿斯（Charles V. Truax）將重建時期的承諾與勞工權益結合起來，他表示：「如同林肯解放南方黑人，華格納─康納萊法案解放本國工業奴隸，不再遭受財富領主的暴政與壓迫。」25

國會裡的男人在辯論女人該不該去工作時，杜魯門總統面對女性要求在戰後經濟占有一席之地的運動浪潮。許多全國教育、衛生與福利團體要求白宮繼續營運戰時日托中心。這些日托中心是戰時臨時措施，確保帶小孩的女性能夠在戰時經濟工作。這些計畫對於女性有很大的幫助，她們認為這是自由參與勞動市場的關鍵。戰爭結束後，政府迅速切斷資金及終結計畫。壓力促使杜魯門讓日托中心繼續開放，但只是六個月的暫時措施，好讓戰時經濟重回承平時期。這開啟一個機會，讓婦女們要求公部門對職業母親的支援不被取消。4

資本主義依賴家庭與社區所進行的工作。這種無償的照護工作，生育孩童，養育青少年及照顧成年人，是社會繁榮的基礎。建立與維持社區的基本工作讓社會得以繁盛，得以再製。這種勞動的性別分歧被視為家庭裡的家務事，然而整個市場與資本主義世界需要它才能運作。這些活動沒有薪資，可是市場經濟與受薪勞工沒有它們便無法存在。5

對一些人來說，這個社會再製的問題，如何讓維護社區的無償工作可以持續進行，答案就是肯定傳統、父權制家庭結構。對這些保守派人士，將市場延伸到家庭很不好，因為這將動搖男性在家庭的權威。那些爭取脫離市場的自由的人，時常落入捍衛這種父權制的陷阱，將任何可替代市場依賴的社會保障加以浪漫化。6

然而，有些替代方案既可保障與支持照護工作，又不必依賴限制女性自由的社會常規。如同政治理論學家南西．佛雷澤（Nancy Fraser）提醒我們，其目標不僅是脫離市場依賴，還要從不公平的支配獲得解放。幫助家庭的公共計畫可以扮演這個角色，賦權予女性，讓她們在家庭與生活中做出想要的選擇。二戰後，女性主導爭取這類計畫。7

* * *

美國不是依賴市場而打贏二次世界大戰。政府設定物價，管理大規模戰時準備及主導投資。國家領導密切注意的一件事是可用勞動力的規模。要做的工作一大堆，而政府又徵召數百萬名勞工加入軍隊，並把他們部署到海外。由於國家在打仗，美國需要女性走出家庭去工作。8

這種需求造成社會巨大轉變，因為已婚婦女在大蕭條時期不常工作。一九三〇年代，大約九成婦女已婚，但僅一五％已婚婦女在一九四〇年投入勞動力。一九三六年一項蓋洛普民調發現，逾八成民眾認為，如果嫁給有工作的男人，妻子們就不應該在外工作，而四分之三女性也同意這點。在裁員及縮編時，老闆們往往第一個就開除已婚婦女。公部門如此，例如教師，私部門亦如此。9

但戰爭改變一切。加入勞動力的女性人數增加了一半以上，就業女性占比在一九四〇到一九四五年間，由二七．六％上升到三七％。這代表六百五十萬名新勞工，而職業婦女人數由一千兩百萬增至一千八百六十萬。在這些新的女性勞工當中，約七五％已婚。這些數據未能突顯出首席從事受薪工作的女性人數。因為女性往往加入又退出勞動力，一九四四年估計五成女性都曾被雇用。女性可以從事的工作亦隨之改變，因為戰爭打破工業與其他領域的性別隔離政策與做法，不再限制女性從事低薪服務工作與家政工作。女性占製造業工作的比率由二二％升高至三三％，政府工作占比增加一倍，由一九％增至三八％。10

女性從事這些工作的理由很多，由愛國心到必須彌補丈夫從軍所損失的收入。然而，許多女性在職場得到新的滿足。與同事一同進行計畫，學習與發揮知識與技能，給她們不同的世界體驗及家庭以外的獨立感。一名工作母親說明，「與他人一同工作的同伴情誼，遠比家事更有刺激性與報酬性，」至於全職主婦，「全天待在家裡讓我的人生展望變得狹隘。」[11]

直到二十世紀初葉，在家庭以外照顧孩童被視為民間、志願服務。慈善機構、睦鄰之家與社區組織為貧窮女性提供微薄的服務。大蕭條並未改變這套臨時系統。公共事業振興署設立緊急托兒所，但這主要是作為失業教師與其他青少年服務的人所設立的就業計畫，而不是為了照顧孩童的綜合計畫。這些緊急托兒所照顧了大約四萬四千名到七萬二千名兒童，計畫的主要理由與資金來源在大蕭條結束後都消失了。[12]

在動員時期讓母親們工作遭遇強烈反對。戰爭人力委員會主席保羅・麥努特（Paul McNutt）表示：「負責照顧小孩子的婦女不應被鼓勵或被強迫在戰時找工作」，除非絕對有必要。可是，勞工需求迫使他們做出決定。日托計畫與戰爭有直接關係。如同一名議員表示：「如果母親擔心小孩，你無法讓她安心在戰時工廠工作，你無法讓小孩在街上亂跑而不致對下一代產生不良影響。」[13]

國會通過《蘭漢法案》（*Lanham Act*），作為以補助與貸款支援戰爭的機制，在其廣泛授權下，軍方許可公共日托中心的資金。地方社區必須克服一些官僚障礙才能讓日托中心得到公共資金。想要獲得核准，地方社區必須證明戰爭動員造成勞動婦女增加，需要日托。這些申請會呈交聯邦工作署（FWA），假設地方社區願意負擔一半費用，該機構就會補貼資金。父母使用日托需要繳納固定費用。然而，即便有這些必要程序，這仍然是政府在全國推出的措施，透過聯邦出資的公共日托中心來支援兒童與家庭。它不像福利與慈善機構給父母設定門檻；凡是有需要的人都可以使用這項計畫。[14]

戰時公共日托系統起步緩慢，使用率不高，因為它面臨許多障礙。議員們希望限縮該計畫在戰後持續實施的可能性，所以把程序設得很複雜。不只國會有這種立場。勢力龐大的全國天主教福利會要求，戰爭一結束就要立即停止提供資金。許多社工團體，像是美國兒福聯盟（Child Welfare League of America），認為日托只適合作為受到監督的慈善形式，清貧母親必須進行篩選與諮商，再用個案管理追蹤她們的行為。這些組織的成員動用他們在地方社區的影響力，去拖延或阻止公共日托中心的申請。

此外，很難在倉促之下找到可以設立這些日托中心的地方，尤其是許多公共建物均已作為戰爭用途。社區能夠取得的設施都不盡理想。許多日托中心不是種族歧視，便是設法讓有色人種母親難以進入。許多父母亦持懷疑態度，尤其是付費讓較大的孩子受到有人監督的照顧。一些雇主也排斥。艾德賽．福特（Edsel Ford）女士想要對一家炸彈工廠的數千名女工播放附近公共日托中心的宣傳影片時，結果遭到雇主亨利．福特的反對。[15]

儘管如此，托兒所還是持續成長。在計畫高峰，三一〇二家托兒所照顧將近十三萬孩童。總計約六十萬孩童在二戰期間上過托兒所，政府支出五千二百萬美元。戰後一項調查指出，雖然許多父母最初感到懷疑，八一％「大致上贊同」這項計畫，一〇〇％表示他們小孩「喜歡托兒所」。二〇一七年一項研究指出，得到較多計畫資金的地區在數年後，女性就業率較高，上過托兒所的孩童在教育成就及就業等方面的長期表現更好。[16]

雖然許多托兒所是急就章，一些仍投注龐大資源，確保勞工子女得到最好的照顧。實業家亨利・凱薩（Henry John Kaiser）經營凱薩造船廠，是戰時主要生產中心之一，他認真看待支援戰爭與照顧員工的責任。凱薩立志要把他的工廠打造成「未來工廠」的典範，「應該要配備托兒所」與其他員工需要的事物。凱薩找來專門的建築師，興建專為照顧與教育小孩子的建物。十五間教室呈輪輻狀排列，中間是操場，還加蓋頂篷，讓孩子們即使在雨天也可以出去玩。這種傑出設計甚至登上一期的《建築文摘》（*Architectural Digest*）。建築師用兒童觀點去設計整棟建物，包括適合小孩子眼睛的窗戶，配合小孩子的家具與廁所，專為他們需求而特別設計的玩具與盤子。

凱薩積極招聘全國優先的兒童教育專家，作為托兒所人員及擔任顧問。起初他考慮從一般員工遴選托兒所營運人員，但後來被說服招募專業人士。當他獲悉《蘭漢法案》托兒所的教師薪資時，他說：「你不可以付給大學畢業生那種薪水！你連一星期都留不住他們。造船廠的行政辦公室會挖角他們。」[17]

凱薩兒童照顧中心對勞工是革命性計畫。托兒所二十四小時開放，接受十八個月到六歲兒童。凱薩中心的首席營養師米莉安・洛溫伯（Miriam Lowenberg）表示：「在造船廠工作的母親若有任何子女問題，都可以在這裡獲得協助。」這些托兒所提供醫療服務，有縫紉廠幫忙修補衣服，還有急診室。他們甚至在父母來接子女時，替他們準備外帶餐點。早上送來的孩童有熱騰騰早餐可吃。值夜班到凌晨兩點才下班的父母，會看到他們睡夢中的小孩已裹好毛毯，可以抱回家了。托兒所在一九四四年九月的高峰照顧一千名兒童。18

戰時動員的需求迫使政府迅速對托兒所問題做出回應，不只是資金而已，還要設計一個大家都同意的解決方案。誰應該負起執行公共托兒所的責任引起嚴重官僚內鬨，主要是教育部與聯邦工作署之間。社工官僚與兒福專家想要掌握控制權，因為他們才能讓計畫鎖定最貧窮的母親。他們希望把它界定為抗貧計畫，申請者需要個案管理及監視，而且一般前提是她們不應該來申請。可是，軍方完全無意將可能的員工汙名化、雇用社工，或者區分誰值得、誰不值得參加托兒計畫。軍方要的是轟炸機與船艦，願意製造的人，軍方都可以替他們安排必要的照護設施。軍方沒有時間，也沒有興趣扮演業餘社工，決定誰值得、誰不值得。由於需要援助的母親必須依賴微薄、往往又屈辱的慈善及監視網絡，這種一視同仁的計畫是嶄新又激進的改變。

但是，戰爭結束時，促成這些計畫成功的政治機會便隨之消失。這些計畫沒有得到什麼政府支持，因此，沒有政府內部架構在倡議它們。日本投降時，唯一剩下支持托兒所的人是使用托兒所的婦女。而這些女性不打算未經抗爭便放棄在托兒所新得到的自由。19

＊＊＊

戰爭結束後，成千上萬婦女寫信、舉牌、抗議、遊說、示威，發起媒體廣告，以維持公共日托來數十年成為常態。[25]

加州是唯一在戰後維持公共日托系統的州。明白聯邦政府不會介入後，倡議者逼迫州政府一年一年更新日托計畫，直到一九五七年成為永久計畫。與其他州相較之下，加州在這項運動占有許多優勢。該州戰時成長迅速，人口在一九四〇到一九四五年之間由七百萬增至九百五十萬。許多居民為渴望工作的女性：使用加州戰時公共日托的婦女，有一半的丈夫並未從軍。這些新勞工不想離開，他們加強了州政府必須提出解決方案來因應他們新需求的壓力。

加州廣大的戰爭工業讓她擁有最深入的戰時公共日托經驗。加州有至少五百家戰時托兒所，約占全國日托中心的二〇%，在顛峰時期，他們照顧二萬五千名兒童，是其他州的三倍以上。進步倡議者與兒福倡議者將這項計畫視為擴大到所有加州人適用的全民計畫墊腳石。加州議員很訝異這項訴求在軍人返鄉後並未平息；托兒所的兒童人數在一九四六年增加近二〇%。[26]

加州日托計畫有一項折衷措施，而削弱其效果。日托中心使用者必須經過收入調查，限制了需要使用的人。倡議者反對這項做法。舊金山聯盟董事瑪莉安・透納（Marion Turner）指出：「把家務事說給外人聽是不合法的，」而且「清官難斷家務事。」父母們認為這是政府在干預家庭生活，並指出日托的選項太不健全，許多上班與中階階級家庭亦可使用公共日托。他們認為，收入調查分裂了全民日托計畫可以爭取到的廣泛支持，必須證明使用資格既繁瑣，也貶低那些人。

倡議者的預測是正確的，收入調查確實排除掉許多原本可以利用這項計畫的家庭。月收入超過二百七十五美元的雙親家庭以及月收入超過二百二十五美元的單親家庭，不可以讓子女去上公共日托。一九五二到一九五三年間因為超過收入門檻而被否決的四千項申請之中，半數以上家庭申報的收入只超過上限不到五十美元。這項措施改變了計畫本質與可以使用的人。一九四六年，使用日托計畫的兒童有六成以上父母都在外工作；一九五〇年，使用這項計畫的大多是單親家庭兒童。27

可是，加州日托計畫在戰後依然存續下來，使得該州成為全美的異數。戰時的大後方讓公部門有機會支援撫養家庭的工作，提供計畫與資源給勞工母親，俾使經濟正常運作。這為婦女與家庭帶來廣大的自由，當政客想要取消經費及支持，婦女們組織起來，進行抗爭。然而，一九五〇年代興起一種如何支持家庭的市場觀點，而破壞這種比較激進的觀點。

＊＊＊

一九三七年報稅時，莉莉．史密斯（Lillie Smith）和她的丈夫決定扣除他們保姆的費用。莉莉先前自己照顧小孩，丈夫則去上班。當她決定加入勞動力，他們需要想辦法、雇用幫手。他們覺得可以把兒童照顧費用列為業務費用扣除額，因為莉莉去工作就必須有這筆費用。他們找人幫忙的唯一理由是好讓莉莉去工作，因此他們認為這筆扣除一定會通過。

這筆扣除被否決了，這項爭議隨即進入到稅務上訴委員會（Board of Tax Appeals）。該委員會由兩個面向來考慮這筆扣除。「執行交易或業務所支付或產生的一般及必要費用」得以扣除。如果雇用保姆是執行經濟活動所必需，企業等實體可能面對的費用，就說得過去。可是，「私人、生活或家庭費用」不得扣除。如果照顧兒童是私人決定與責任，不屬於工作範疇，就不能列為扣除。

示：「每個人應該可以穩定取得一切必需的醫療、醫院與相關服務，」並且建議「透過擴大既有的強制社保制度來分攤成本，以解決基本問題。」這項計畫將讓公民「定期挹注公共健保基金，而不是在他們生病時零星及不均勻地支付。」7

杜魯門對於政府必須在健保扮演必要角色的論點，在今日依然說服了我們。杜魯門指出，以往死亡率下降「主要來自公共衛生與其他社區服務，」而且在「以前，我們民眾完全沒有平等享受現代醫學科學。現在沒有。以後也不會——除非政府大膽地採取行動。」杜魯門接著說明「人們擔憂費用而延後就醫，錯過醫療黃金時間。」杜魯門表示：「生病不只帶來醫療帳單，還中斷收入。」如同新政推動社會安全，杜魯門提到自願、私人健保，並指出其基本不足之處。

冷戰加劇後，杜魯門極力爭論說他的計畫「不是社會化醫療」（socialized medicine）。這個制度將使醫療行政去中央化，但同時將付費中央化以管理風險。人們仍可自由選擇他們的醫療服務。可是，如同杜魯門指出：「其中有著重要差別：病患能否得到他們需要的服務並不是取決於他們當下能夠付出多少錢。」

杜魯門的努力失敗了。直到今日，他的健保計畫失敗仍然設定了健保辯論的基礎。俄亥俄州參議員羅伯．塔夫特（Robert Taft）宣稱：「我認為它是社會主義。我認為它是國會迄今面對過最為社會主義的措施，」又說它源於蘇聯憲法。美國醫學協會雇用的公關公司惠特克與巴克斯特（Whitaker Baxter）發動一項宣傳活動，指責列寧曾說過「社會化醫療是社會主義國家拱門的基石。」（經詢問後，美國國會圖書館無法找到這句話。）這不是新鮮事，因為新政時間便出現過把改革視為社會主義的同樣手法。然而，在大蕭條的背景下，冷戰又再興起，共產主義的陰影籠罩，使得這種說法形成有效攻擊線。[8]

醫療產業發起一波強烈運動以阻止單一保險人健保。美國醫學協會投入空前規模的資源，展開迄今最為昂貴的遊說活動。一九五〇年，美國醫學協會支出的花費是國家健保委員會這類單一保險人團體的六十倍。它與反對政府支出及公共計畫的企業界結成聯盟，讓他們贊助廣告，宣揚維護美國價值。這項活動涉及大規模多媒體宣傳。在一九五〇年國會選舉之前，根據一項估計，美國醫學協會在一萬家報紙刊登廣告，這麼大手筆的支出無疑令編輯台與發行人心花怒放。它亦在一千六百家廣播電台與數十家雜誌投放廣告。[9]

美國醫學協會成功地阻止了單一保險人健保，因為它位居兩大網絡的核心，一是經濟網絡，二是社會網絡。隨著這個時期的私人健保興起，該協會得以利用這個產業新近創造的利潤。就在此時，製藥公司尤其想要與醫師聯手對抗單一保險人健保。拜二戰時期設立的免稅優惠，私人保險，特別是雇主所提供的保險，已越來越普遍。但是，除了獲利動機之外，醫師們組成的非正式社會網絡亦不可小覷。企業與政治菁英分子與醫師們個人親密互動，這個時期的醫學進步讓醫師在他們社區占有無比文化特權。這些醫學既得利益擅長發揮這種軟實力，如同他們運用金錢的硬實力。[10]

在這些政治與社會潮流下，共和黨明白在這個歷史性時刻，他們有機會提出公共健保的替代方案，那便是藉由稅法補貼私人保險。他們利用一九五四年《稅法》（*Tax Act*），其中包括兒童照護的稅收抵免。當時，二戰後對於雇主提撥健保的部分應如何課稅仍然模糊不清。共和黨意識到單一保國內戰中沒有退出聯邦的蓄奴州）的比率確實有提升，在一九五六至一九六二年之間由四〇%上升到五〇%，即便如此也只有半數而已。以統計數字來看，你看不出布朗案在勝訴的十年造成任何改變。15

直到一九六四年的《民權法案》才真正廢除學校的種族隔離。就讀有白人的南方學校的黑人兒童比率在法案通過那年是二%，四年後增加到三二%，六年後變成八六%。雖然最高法院極為有效地阻擋改變及增強既有的權力結構，卻無力實施任何新改革。最高法院沒有控制任何資金，並且依賴菁英權力結構來執行判決。真正形成改變的是民眾動員與修改立法。16

布朗案理應適用於一九五〇年代後期聯邦政府根據希爾—波頓法案提供資金所興建的新公立醫院。然而，最高法院沒有機制可強迫他們行動，因此白人至上依然我行我素。負責執行希爾—波頓法案與建醫院的衛生教育與福祉部很快便明白，布朗案對醫院沒有任何影響。該部門亦拒絕調查醫院是否確實平等或「類似水準」，儘管他們有能力這麼做。根據衛生教育與福祉部官員指出：「我們不打算在這時候表示我們必須擔憂種族隔離醫療設施的相對水平，」除非「確實證明公立醫院的種族隔離違憲，衛生署署長將沒有職責去預測法院挑戰這個問題的結果。」一九五六年開始，全國有色人種協進會開始對醫院提起訴訟，理由是根據布朗案，「隔離但平等」違反憲法。許多案子獲不起訴，或者在醫院做出表面上的小修改之後進行和解。儘管醫院因為有聯邦資助及免稅才得以營運，他們在法律上仍被視為私人機構，抵擋了民權運動人士的行動。17

一九六三年「辛金斯對摩賽斯康恩紀念醫院案」（Simkins v. Moses H. Cone Memorial Hospital），

第四上訴巡迴法院判決，就希爾－波頓法案提供資金所興建的醫院，依據第十四修正案，「隔離但平等」違反憲法。判決認為聯邦資金之故，那些醫院不完全屬於私人，而是「國家機構」。衛生教育與福祉部據此要求新申請的醫院不得種族歧視。然而，這個部門所能做到的十分有限，她對已經使用公家經費蓋好的醫院沒有管轄權。衛生教育與福祉部無法強迫醫院退還以前的經費，只能用新申請的經費作為要脅。直到一九六四年，仍有十一個南方州要求醫院實施黑人、白人病患隔離，醫院食堂、入口以及護理師訓練學校都要隔離。違反者可能被處以罰鍰，甚至坐牢。[18]

一批醫師與醫療專業人員生力軍加入這場抗爭，他們都是受到民權運動的啟發。其中一位領袖是霍洛曼。他在一九一九年出生於華府，父親是一名浸信會牧師，祖父是一名奴隸。朋友幫他取了「麥克」的綽號，而不叫他的本名，因為他的個性隨和友善。霍洛曼小學讀的是種族隔離學校，高中則是種族整合。大學讀的是全黑人的維吉尼亞聯合大學，主修化學。後來讀了密西根大學醫學院，一九四三年畢業。

畢業後，他申請加入鄰近的迪爾伯恩海軍基地，但遭到拒絕，回信寫著海軍不接受黑人軍官。他於是加入陸軍航空兵團，編入班傑明．戴維斯（Benjamin O. Davis）上校率領的全黑人轟炸機聯隊，戴維斯是美國軍方第一批黑人高級軍官之一。他們把自己的轟炸機聯隊稱為「黑鬼武器」（Spookwaffe），社交俱樂部則稱為「畢爾波早餐俱樂部」，嘲諷種族歧視的密西西比州參議員西爾多．畢爾波（Theodore Bilbo），他要求把美國黑人送回非洲。戰後霍洛曼到康乃爾大學進修，而後在哈林區行醫，並在當地終老一生。

霍洛曼終身奉獻在全民健保。他在臨終前受訪時表示：「除非我們移除利潤動機，為所有公民提供醫療照護，否則就一定會有人遭受冷落，因為太多人身上無利可圖。」簡單來說，就是他在一九七〇年代擔任紐約市衛生及醫院機構（HHC）總裁時，名牌背後的題詞：「醫療照護是一項權利。」[19]

一九六四年，霍洛曼與幾名友人為了鞏固對抗醫療照護種族歧視的決心，成立了人權醫學委員會（MCHR），由他擔任臨時主席。而在此時，民權運動促使南方爆發創紀錄的抗爭。許多抗議者遭到白人公民與警方的嚴重暴力與敵視。MCHR的成員決定與南方民權領袖合作，為抗議者提供前線救傷服務。[20]

馬丁・路德・金恩率領爭取投票權的示威民眾走過愛德蒙佩特斯橋（Edmund Pettus Bridge），由阿拉巴馬州賽爾瑪（Selma）到蒙哥馬利時，與警官發生流血衝突。MCHR的成員，包括霍洛曼，就在現場醫治遭到毆打的民眾。在那裡霍洛曼遇見一位白人護理師，派翠西亞・安・塔傑（Patricia Ann Tatje）。她來自布魯克林，任職於國王郡醫院。雖然她曾經說過，自己擔任公車司機的父親像是電視節目裡的保守角色亞奇・邦克（Archie Bunker），她還是加入MCHR。在賽爾瑪，她治療金恩博士因為走到起水泡而跛行的腳。霍洛曼與派翠西亞保持聯繫，回到紐約後便墜入愛河。他們結婚，生育兩名子女，見證為了民權艱苦奮鬥的終身約定。[21]

與此同時，國會通過兩項重大政治成就。詹森總統（Lyndon Johnson）運用他對參議院及政治策略的了解，通過了一九六四年的《民權法案》，與盟友合作破解南方民主黨發動癱瘓議事。那一年詹森競選總統，主打建立大社會，老窮健保是他政策核心訴求。詹森獲得空前連任勝利之後，國會通過一套重大的公共計畫。老年人單一保險人醫療衛生制度，聯邦醫療保險，在一九六五年七月三十日簽署立法。這兩項法案之間的關聯，正是醫療民權運動樂見的開端。

＊＊＊

想要設立大型單一保險人醫療衛生制度，即便像是只為老年人投保的聯邦醫療保險，都是一項艱鉅任務。由投保底線到補貼醫院機制，到設立系統通知老年人他們如何使用，聯邦醫療保險在混亂中快速推行。他們成立了上百間辦公室，雇用數千名人手來執行這項計畫。國會只允許一年的準備時間，要求整項計畫於一九六六年七月一日正式實施，開始提供保險。雖然他們會比較好辦事，那些實施計畫的人當時認為，國會不會接受兩年的準備時間，因為國會希望這些福利立即提供給那些有需要的人。22

推行聯邦醫療保險的最重要部分是對外聯繫，因為可以投保的人數龐大。他們必須詢問一千七百萬名六十五歲以上老人，是否願意加入這項計畫的醫療保險。官員們寄出一連串打孔卡讓人們選擇喜好的項目，再進行處理。總計印行及寄送了一千九百萬張聯邦醫療保險打孔卡。這項準備作業必須在九個月內完成，因為投保截止期限是一九六六年三月三十一日。

保守派試圖串連以阻撓通過聯邦醫療保險。一九六一年，隆納德．雷根（Ronald Reagan）錄製一張專輯，以支持美國醫學協會反對聯邦醫療保險的政治運動。在這張十分鐘的唱片，雷根主張守民權法的機構的聯邦資金，利巴西才肯接受這份工作。利巴西有一支民權專家的小型團隊，他們對於自動廢除種族隔離一拖再拖已不再抱希望。其中包括德瑞克・貝爾（Derrick Bell），他曾任職於NAACP法律辯護基金會，後來創立一個法律學派，名為「批判性種族理論」（critical race theory）。他們嫻熟爭取廢除種族隔離，也明白迄今以來的失敗。[26]

第二件要解決的事情是組成能夠執法的官僚部隊。賈德納成立一個特別辦公室來管理與執行驗證醫院廢除種族隔離的程序：平等衛生機會署（OEHO），但直到一九六六年二月才開始運作，因此他們在聯邦醫療保險實施之前只有半年不到的時間。他們根本招募不到足夠人手來處理全國四千家種族隔離醫院已符合其標準的驗證工作。賈德納將招募人手列為優先事項，大約一千人被緊急調派到OEHO來處理這項工作。許多人是由其他專案調過來。但許多人是聽到消息後自願調過來。[27]

一九六六年三月四日，一封專函寄給全美的醫院：「致貴醫院管理者：一九四六年《民權法案》第六條禁止種族、膚色或國籍歧視……醫院必須遵照辦理才有資格獲得聯邦補助或參與任何聯邦補助計畫。」信中附加說明取得聯邦醫療保險補助所必須遵守的明確且廣泛要求。醫院必須在「無關種族、膚色或國籍」的非歧視基礎下提供醫療照護。「如果病患與大眾服務區域的種族組合有顯著差異，」醫院有責任採取矯正行為。訓練、徵才與員工權利均必須種族中立。為確保法遵，信中指出：「衛生教育與福祉部地區辦公室代表將定期拜訪醫院，以補充這項資訊及進一步協助解決任何可能產生的問題。」[28]

南方白人激烈抗拒。常用的手法是租車公司與當地警察勾結，安排來訪的檢查員租用他們謊報為失竊車輛的車子。如果檢查員要求嚴格，便會因為駕駛贓車而被捕。OEHO主管必須隨時準備好迅速因應辦公室員工遭誣陷指控。有時，暴力威脅更為直接。一名密西西比醫院管理者跟一名前來討論廢除種族隔離的政府調查員說：「你來的時候，我找了一些三K黨。我不知道你是這麼好的人，你最好趁還能離開的時候趕快離開。」一名巴爾的摩的聯邦主管發現，有人在她家前院焚燒十字架。29

但是，政府調查員握有一項優勢。他們可以依賴黑人，尤其是醫療業界，把他們變成祕密幹員協助拆穿假裝廢除種族隔離。衛生教育與福祉部調查員進了城裡以後，會聯絡當地的NAACP或教會團體，後者會安排調查員接觸在醫院工作的黑人與醫療時被種族隔離的人。這些員工必須小心行事，因為州與當地警方會跟蹤調查員；如果被懷疑與聯邦當局合作，這些黑人員工可能被老闆開除。有一則經典的故事說，一名黑人員工告知衛生教育與福祉部調查員如何找到黑人員工隱密的隔離休息室。在檢查途中，醫院管理者會試圖導引他們遠離狹窄、不合格的休息室，只不過調查員早已拿到工作人員為他們繪製的地圖。

在另一個軼聞，兩名去到路易斯安那州的OEHO調查員證明了這套網絡可以克服偽裝廢除種族隔離的伎倆。調查員去視察路易斯安那州一家自稱已經配合聯邦醫療保險而廢除隔離的大型醫院。可是調查員覺得事有蹊蹺，例如醫院冰箱裡儲存的血液分別標示著「黑」與「白」。可是他們注意到育嬰室沒有種族隔離，這通常是一個好徵兆。他們離開後，一直覺得不對勁。於是他們決定任，不因種族而歧視任何患者。」詹森在好幾個場合明確表示一定會做到這點。[34]

他們贏了。七月二十一日，僅不到〇．五個百分點的醫院沒有通過聯邦醫療保險認證。他們言出必行，那些不遵守《民權法案》的少數醫院無法取得資金。終身投入在美國社保規劃、協助推出社會安全與大社會（Great Society）計畫的威爾伯．柯恩後來表示：「聯邦醫療保險生效的前一天，在南方的每一家醫院，在每一部飲水機前，在每一間廁所，每一間員工餐廳，每個隔離但理應平等的設施都貼著『白』、『有色』的標語。在南方實施聯邦醫療保險的那一天，那些標語與隔離設施都被拆除了。我認為這是聯邦醫療保險的非凡成就。在一天之內，聯邦醫療保險與聯邦醫療補助（Medicaid）便打破醫療服務的種族隔離。」[35]

＊＊＊

它收到立竿見影且顯著的效果。種族隔離的醫療服務對必須遭受這種待遇的黑人是惡夢。嬰兒死亡率是一個簡單但可怕的例子。直到當時，每一千名出生的黑人嬰兒有四十名會死亡，相當於現在的印度或伊拉克等國家。一九六五年，黑人新生兒死於肺炎及腸胃炎的機率是白人新生兒的四倍以上。這兩種新生兒的常見死因，在醫學進步、對嬰兒開立抗生素及輸液之後，已變得很容易治療。這些進步降低了白人嬰兒的死亡率，可是如果你去看黑人嬰兒的死亡率，你根本不會知道有這些治療方法。這些拯救生命的醫學進步，以及希爾—波頓法案興建的醫院可執行這些治療，黑人家庭都無法得到。醫院廢除種族隔離之後，死亡率隨之銳減，黑人新生兒死亡率在十年內下降了將近一半。密西西比州的新生兒死亡率在第一年便下降二五%。這段醫院廢除種族隔離的時期，是二戰以來唯一黑人及白人新生兒死亡率相同的時期。36

全民公共計畫可以觸及的範疇是私領域與市場永遠無法達到的。公共計畫可以克服及打破持續、普遍的歧視，尤其是針對最為弱勢的族群。公共計畫可以確保公民獲得自由生活所需要的基本服務。衛生與醫療服務是其中的顯著部分。疾病是一種拘禁的形式，讓我們無法過著自由生活。單靠市場無法提供每個人醫療照護，因為它會迅速排擠最需要的人。確保醫療照護可廣泛取得，無論種族、收入或既有身體狀況，政府便能保障我們的自由。

在一九六〇年代，政府利用聯邦資金作為打破《吉姆・克勞法》的機制。歐巴馬總統利用相同的補貼機制，擴大《可負擔健保法案》（*Affordable Care Act*）的聯邦醫療補助。根據通過的法律，未能對勞工階級提供的州將無法取得聯邦醫療補助。州政府不能冒著損失補助的危險，所以大家假設各州都會遵照要求。當《可負擔健保法案》被提到最高法院審議時，首席大法官約翰・羅伯茲（John Roberts）成功取消這項聯邦醫療補助規定，作為通過該法案的交換條件。結果，數百萬人，大多在南方，被排除在健保之外。37

第七章

免費的經濟

我們無從得知這究竟是在什麼時候開始的，但是，政治界已不再認為市場與我們依賴市場是需要檢討的事情。相反的，我們看著市場進一步擴展到我們生活，甚至進一步擴展到我們對自己與社會的看法。所謂「自由市場」已成為主流用語，市場已被視為我們自由的基礎以及我們享受最多自由的地方。自由意味著自由的市場，還有透過市場取得的自由，以及自由是一種市場。有許多學術名詞在形容過去數十年的這種改變，「新自由主義」（neoliberalism）是其中最常見的。這些名詞受到爭論，有時突破學術界進入公共爭論，而且爭議的更為劇烈。但是即使沒有學術背景，我們都能明白基本的改變，並在日常生活中感受到。

想要了解新自由主義，我們可以用歷史時期的角度來看，這段時期的經濟重整大幅轉向偏袒企業老闆與股東，同時削弱勞工與公民的權力。資本主義從開始以來便一直在改變，因應勞工、政府、科技與法律而不斷在變化。一九七〇年代的美國面臨一系列經濟危機。高失業與高通膨造成的通滯性通膨（stagflation），摧毀了世紀中期自由派經濟學家引領經濟的信心。紐約市近乎破產被歸咎在自由派大型計畫揮霍公帑，使得風向轉變為限制人們對於國家的索求。去工業化（deindustrialization）浪潮興起後，經濟利益由製造業轉而流向金融業。這些危機種下嶄新經濟思維的種子。[1]

但是，用歷史時期的角度來說明，讓這項改變似乎是無可避免，比較像是天氣，而不是依據自由觀念而興起的運動。帶動這項革命的是一項成功的智識及政治運動，運用一套觀念化危機為轉機。那些觀念在此前數十年便已建立。自新政以來，商業領袖、保守派知識分子及富人打造了機構與網絡，以挑戰及解除小羅斯福給市場施加的限制，這些機構在隨後數十年不斷擴大。富裕家庭及自由聯盟（Liberty League）等組織開啟了這個網絡，之後透過保守派雜誌及地方組織拓展。商業領袖越來越保守，更加激烈反抗政府在一九七〇年代試圖箝制他們的權力。美國商會的會員在一九六七年為三萬六千名，一九八〇年增至十六萬。遊說人士的數量在十年內增加了將近一〇〇〇%，組建了一支小型軍隊將政府官員的想法推向市場觀念。[2]

在這個運動背景下，雷根當選總統讓新政整個逆轉。由調降高累進稅率到削弱華爾街的金融規範，到解散工會及放寬大企業的反托拉斯限制，所有壓抑市場的措施都被取消。誠如地理學家戴爾．派克（Dale Peck）與亞當．提克爾（Adam Tickell）所說，這種「推回」式（roll-back）新自由主義，通常伴隨著「推出」式（roll-out）願景，積極尋求創造一種新經濟。這種改變更加微妙，惟仍是經濟運作所形成的影響。這個推出階段的計畫之一是立法剝奪市場裡的公共觀念。這對大家造成重大後果。[3]

一九八〇年代之前實施了大量法律、實例與規定，確保公共組成節制市場的運作方式。其中的三套系統特別突出：公共法人，公共領域及公用事業。將這些公共觀念深植於美國的緩慢、革命性進程，被雷根一舉推翻，他的新體制強調財產是唯一的權利，也是自由的來源。這項改變的建構者將世界與強大的財產權重新串連起來，排除廣泛的公共義務。這一派的想法是，財產權不僅將創造最佳經濟成果，亦將創造最大自由。其後果卻給一般人帶來巨大不平等、濫權、停滯性通貨膨脹和不自由。了解公共公司、公共領域及公用事業是如何改變，它們以前是何種樣貌，將可幫助我們了解過去數十年來整個經濟的翻修。

這三套系統的解體亦顯露出新自由時期的一個重要面向。大家都知道，市場基本教義派擁抱小政府，所以小政府或反政府沒什麼改變。這項智識革命的倡導者對於利用政府與法律來創造他們的經濟理想願景，用歷史學家昆恩·史洛波迪恩（Quinn Slobodian）的話來說，將財產與市場「封印」在硬殼裡，保護它們不受任何形式的民主挑戰，絲毫不感到愧疚。這跟應該懷疑改變或是希望保存長期體制的保守政治氛圍沒有關係。在很短的期間內，這種保守經濟學浪潮粉碎了一百年來保護人們不受市場打擊的圍籬。市場限制被拋到一邊，以建立一種新經濟，將所有人的財產權視為基本自由。[4]

第一項翻修是公眾對於何謂公共法人，它應該為誰服務的認知。首先，法人是依據法律所創設的一種組織。美國開國以來就是這樣，紐約在一八一一年通過世界第一條設立法人程序的法律，讓符合最低門檻的製造商得以申請設立法人。以往，法人執照要向政府特別申請才能取得。在那之後，直到今日，企業仍申請法人執照，伴隨而來的是權利與責任。它屬於社會組織，建立起地方與人們的連結，在創辦人身後仍可繼續存在。它也是一種法律組織，可以簽署契約、持有及傳遞財產。它也是在單一實體內形成的緊密關係網絡。包括公司與員工之間的關係，以薪資交換勞動的契約。還有供應商，他們提供原料讓公司製成新產品。這個網絡裡的其他關係人還有客戶、放款的銀行和營運公司的高階主管。這些關係之間的權力平衡取決於法律環境與經濟環境。[5]

股東與公開發行公司之間的契約一直是公司應該為誰服務的爭議核心。一方面來說，那不過是另一套契約而已。股東承受事情出錯時他們要第一個賠錢的風險。如果公司最後破產了，股東排在最後順位，往往什麼都得不到。為了承受這種風險，股東獲得股息支付，並且可以票選公司董事會代表。

然而，又有一種普遍觀點認為，由於股東承受這些風險，他們「擁有」公司。這個概念是由早期公司衍生出來，股東是最初投資的人，也是經營的人。早期公司的所有權與持股關係緊密，但在股東沒有實際經營公司以後，就有了一套規定來限制股東對持股公司的發言權。這種限制讓公司的社會空間變得寬廣，消除股東可以施加在公司的壓力。

最能表達這種觀念的是，大蕭條時期哈佛經濟學家阿道夫·伯利（Adolf Berle）與加德納·敏斯（Gardiner Means）的著作，後者是律師、外交官及小羅斯福總統智囊團的重要成員。他們在一九三二年合著的《現代公司與私有財產》（*The Modern Corporation and Private Property*），建立

的《桑尼·波諾著作權年限延長法案》（*Sonny Bono Copyright Term Extension Act*），由藝人出身的眾議員提案而有此名。這項法案把所有既有與未來著作權的年限延長二十年，目的是要保護迪士尼的米老鼠不被放入公共領域。[26]

猶他州共和黨籍參議員奧林·哈契（Orrin Hatch）在支持這項重大延期時表示：「現代著作權理念的第一原則應是，著作權屬於應該受到尊重的財產權，如同其他財產權。」在對國會同僚訴說他的挫折時，他表示他無法理解那些認為這不一樣的人。「一些大力保障實質財產的同僚，對於無形財產極為冷淡。我一直難以理解這點，並且深感沮喪。」哈契進一步指出：「著作權保護應予延長，除非延長保護有礙創作或著作的廣泛散布。」智慧與思想的公共利益，甚至不被考慮。智慧是財產，而自由來自於你可以隨意使用財產。哈契贏得這場辯論，議員封鎖我們的想法，就在網際網路讓我們有機會自由釋放想法的時候。[27]

專利，亦即發明的專屬權利，亦被擴大，尤其是在一九八二年設立特別上訴法院來審理專利案件之後。每年的專利許可件數爆炸性成長，由一九八三年六萬件增加到二〇一三年的三十萬件，幅度是五〇〇%。這三十年間所取得的專利超過先前兩個世紀的數量。這是因為新出現的數位與電腦科技如今可以申請專利，不過也是因為申請專利的標準降低了。[28]

企業界可以運用專利來抵擋競爭及封鎖商業慣例。專利主張實體（Patent Assertion Entities），通常被稱為專利蟑螂（patent trolls），並未實際生產任何東西。而是運用自己的專利去控告公司，製造創新流程的瓶頸。專利蟑螂的官司案在二〇一〇年代初期增至三倍，在二〇一三年的侵權訴訟案占到六二％。一年內被威脅的公司超過十萬家。一項研究發現，二〇一〇到一二年單是智慧手機產業的專利官司費用便將近二百億美元。二〇一一年蘋果與谷歌（Google）在專利訴訟與購買專利的支出，便超出新品研發經費。29

二十世紀中期與目前的對照十分鮮明。新政之後，監管機構與官員在積極實施反托拉斯政策時，會強迫公司開放專利。以一九五〇年代的貝爾系統（Bell System）為例。一九五六年，美國電話電報公司（AT&T）擁有或控制九八％的長途電話服務，及八五％的本地電話服務。AT&T亦擁有西方電器（Western Electric），後者供應逾九成的電話轉接設備。這些均由AT&T持有的研究中心貝爾實驗室（Bell Laboratories）研究及設計。這組緊密整合的公司稱為貝爾系統，掌控美國的電話系統。AT&T是當時全球最大民營公司，員工近五十九萬八千人，營收占GDP的一％。一九五〇年，該公司雇用美國約一％的科學家及工程師。貝爾系統霸主地位的理由之一是她持有的專利數量驚人。直到世紀中期，該公司擁有每年美國專利的一％。早在一九二〇年代，貝爾實驗室引領各項技術的研發，比如電晶體、太陽能電池與雷射。不過，她擁有的關鍵專利在於通訊基礎設施的各項零組件。

該公司一點也不想讓新創公司使用這些。

美國聯邦政府於一九四九年對該公司提起反托拉斯訴訟，要求分拆公司，理由是她壟斷通訊設備。這項官司未能分拆該公司，部分原因是國防部馳援。但官司確實迫使該公司將所有專利授權給其他公司。法官史丹利・巴尼斯（Stanley N. Barnes）在判決書表示：「專利救濟為數百家小型企得更好的立足點及進入家庭。

這種規範早已存在數世紀了，甚至連美國法院也明白這是維持經濟的一個重要部分。一八七一年，伊利諾州設定公司對儲存與運輸農產品所能收取的最高費用。他們擔憂農民遭到儲存與運輸他們產品的公司剝削與壓榨。州領導人認為，穀倉塔業者必須受到公共承運人的規範。規範鐵路的一系列法律，稱為「格蘭傑法」（Granger Laws），是民粹主義運動的焦點，其宗旨是平衡大公司對一般人的權力。穀倉塔業者提出控訴，案子一路上訴到最高法院。

在一八七七年「穆恩對伊利諾州」（Munn v. Illinois）的判決，最高法院維持最高費率的法律。他們認為州治安權給予伊利諾州極為充裕的空間來決定這個案例。這種公用事業法規並非新發明，法院認為是數世紀的法律累積而成。最高法院指出：「英格蘭自古老以來便是慣例，美國則是自第一次殖民以來，便規範渡輪、公共運輸、馬夫、烘焙店、磨坊、碼頭管理員、旅店老闆等，藉此設定提供的服務、住宿與銷售貨物的最高費用。」[35]

這些行業為什麼被挑出來？最高法院認為，「影響公共利益」的行業應該適用這類法規。當「人們將財產投入具有公共利益的用途，實際上，他等於給予公共在那個用途的利益，因此必須接受公共控制以達到公共利益，控制程度與其創造的利益程度相當。」歧視性訂價的市場可以，而且往往應該予以壓抑，以維護我們大家依賴的行業。[36]

法律歷史學家威廉．諾瓦克（William Novak）發現，這項判決促使一九〇〇年代初期進行大量實驗，試圖控制企業界的剝削。由橋樑、渡輪到牲口站、穀倉塔，由瓦斯、電力到鐵路、運河，主要產業均面臨其事業各層面的訂價能力限制。那段時間的法律倡議者認為，具有公共利益的事業應該在沒有歧視下提供服務。這些事業可能是私人實體，報酬與利潤都很正常，不過公共對於他們如何經營事業具有否決權。這是駕馭市場能量，同時預防可能濫權的方法，例如現任主管與富裕者的內部人交易，確保所有人均可獲得基本服務。37

何種事業必須面臨更多限制，是民主公民需要決定的問題，而這個問題有清楚的指導綱領。法律教授薩比爾．拉赫曼（K. Sabeel Rahman）指出，應受制於公用事業規定的產業通常有三大特點。第一是具有一定規模——大公司比小公司更可產生效率，在極端案例，甚至一家公司壓倒其他所有公司。但這只是真正值得擔憂的一種前提。第二是他們具有重要下游用途，或者是其關鍵。他們在進一步生產、創造和產業扮演投入的角色。電力不是下游用途，而是用於生產其他東西的能源。一家民營企業掐住電力供給將對經濟與社會生活造成實質傷害。第三是公司足以造成濫權，在人們脆弱時切斷或限制供給。如果停電有利可圖，民營能源公司便會這麼做，導致巨大傷害。因此有必要設立保障以預防這種事情發生。這已超越壟斷的問題，改革者明白普通公司也可透過祕密知識、不公平、詐欺、利用人們的絕望等等而構成這些問題。38

這種對於公用事業的觀點自一九六〇年代及七〇年代開始遭受圍剿。其中兩個論調尤為突出。第一是效率優先於公平，成為這些關鍵公司的規範陳述（normative claim）。這段期間之前，公用事業的基本要求是要在服務訂價上避免歧視。再以公共承運人鐵路為例，它不能對載運貨物有差別待遇。由此來看，確保每個人都可以取得服務的公平程序，是規範的模式。這種程序壓抑公司收

第八章

免費的教育

若要體會新自由主義如何大幅改變我們對市場及自由的看法，只要觀察一下我們現在的社會保險有多殘缺就行了。你擔心你的退休生活，想要透過四〇一（k）儲蓄計畫來解決這個問題。但要管理基金，你必須理解許多晦澀難懂的術語和概念——資產淨值、費用比率、毛利潤和淨利潤、投資組合比重等等。你會想像如果你的錢多到必須想辦法把它們藏到免稅帳戶裡，或者如果你足夠世故，不會成為金融服務公司的獵物的話，人生會是什麼樣子。關於退休，你的一大擔憂是自己可能會活太久，把存款都消耗光，這是史上最富裕國家所遭遇的病態指控。然而這是你所知道的安全退休的唯一方法。

身為新手父母，你必須想辦法在工作賺錢和養育子女之間取得平衡。托兒所很貴，會花掉大部分你賺來的錢，但你其實可以在繳稅時稍微扣除一點。子女稅收抵免也有幫助，但那只是杯水車薪，而你必須付出很多成本才能讓孩子擁有比別人多一點點的優勢。你通常都希望能夠出現比既有的選項更加理想的選擇。你擔心孩子的大學教育，但你可能也還在擔心自己的學貸。你必須借取大筆的貸款才能進入好學校，而償還這些貸款再加上利息，讓你無法存下足夠的存款供孩子未來使用。你聽說公立大學學費每年都在漲，看看自己的稅收優惠五二九大學儲蓄計畫，你知道你沒有額外的錢讓孩子免於承受學貸。

你生病了。你的醫療是透過歐巴馬健保（Obamacare）醫療保險交易所獲得。你只有一個選項可以選擇，或者選擇較便宜的方案，才能省錢。但是之後當你無法負擔保險自負額時，你才真的理解到這件事。有人提出若要平衡這些支出，應該投資「健康儲蓄帳戶」時，你笑了，這只不過又是另一個要你儲蓄你所沒有的錢的選項。「不要生病」聽起來像是一個更加實際的選項。為了真正了解這些選項，專家們通常都必須花費數年時間研究稅、會計及保險。你必須在吃完晚餐到送孩子上床睡覺之間學會並做完如此複雜的工作。你通常都是忽視它，並盡量往好處想。

這些安全網存在著大量的問題。它讓收入最高的人群受惠，那些人可以自行雇用專家來利用這套系統，有充裕的可支配現金可以儲蓄，有時間也有能力建造他們個人的安全網。雇主提供的健保扣除額有三分之一都給了收入最高的二〇%，四〇一（k）帳戶等個人儲蓄的扣繳額有三分之二都給了收入最高的五分之一，其中一半還集中在收入最高的五%。[1]

但是最大的問題是，這種形式的安全網強迫我們必須依賴市場。新自由主義不僅僅是一個要將公眾從經濟中完全剝離出來的由上而下的過程，它還是一個將我們重塑，讓我們將自身視為一間小公司，並重塑整個社會，使整個社會像市場一樣運作的由下而上的過程。這個過程還是經由法律執如何實行摩利爾法案，是由州政府決定的，因此該如何建設新大學，也有許多種不同的實驗方法。有些州很快就建立了公立大學，例如堪薩斯州立大學，就是第一所這樣設立的大學。有些州會將土地補貼金用來鼓勵私人資金和公共資金一起建立大學。例如康乃爾大學就是依靠這樣的合作來建立的。這項法案的其中一個要求，就是除了文學院之外，也必須提供工業科學及農業科學的教育。資金充足、有提供古典與科學教育的公立大學的進步，推動了耶魯或哈佛這樣的老學校對科學給予更多投資。舉例來說，耶魯大學的雪菲爾科學學校（Sheffield Scientific School）就是康乃狄克州一八九二年主要的摩利爾法案學校，這筆資金和州政府提供的資源推動了這所學校加強對科學的投資。[5]

一個強力的願景掀起了這一波高等教育擴張的浪潮：政府應該打破菁英教育與大眾教育之間的隔閡。如同密西根大學校長所說的：「無論你是出身貴族或富裕人家，只要讓出生在貧窮家庭的男孩擁有以最佳的學習來開發心智的機會，我們就不需要害怕你們這些貴族。」或者如同摩利爾在數十年後所說的，目標是「讓每個州都有高等且廣泛的教育，且每個人都能取得。」這種教育會是廣泛的，「不侷限於那些粗淺、發展不完全的訓練，例如由工頭或實驗農場領班所提供的訓練。」美國公民應該有權得到比「只提供低廉的勞動與指導的學校」更好的，而這應該是州政府要負責提供。[6]

針對公立高等教育最大的一筆投資是來自一九四四年《軍人復員法案》（*Servicemen's Readjustment Act*），通常被稱為美國軍人權利法案（GI Bill of Rights）。小羅斯福總統在尋找如何支援從戰場歸來的退伍軍人的方案。為了彌補二戰帶來的結果，軍人權利法案提供資金並支援中產階級生活中的許多方面，而高等教育就是重點要素之一。

政府對於因戰爭而缺失的教育感到擔憂。一項估計指出，戰爭時的大量徵兵導致一百五十萬年的高等教育損失了。因此，戰爭之後軍人權利法案讓大學生暴增了——在一九四七年和一九四八年之間，將近一半的大學生都是退伍軍人。一九四九年約有二百五十萬名大學生，比二戰之前的任何一年都多了一百萬名。7

軍人權利法案大多數的資金都是預計要由地方來運用，在私立機構中流動。這是刻意設計的，因為它是由想要保護《吉姆．克勞法》的種族隔離主義者寫下的。這種策略在退伍軍人的房貸擔保上可以明顯看出，它是仰賴支持種族隔離政策的私人銀行進行的。一項針對一九四七年密西西比州十三座城市進行研究的報告顯示，美國退伍軍人事務部擔保的三二二九筆貸款當中只有兩筆提供給黑人退伍軍人。這個機制類似於補助醫院的希爾—波頓法案，雖然是聯邦政府提供的，但只能透過私立機構來運用，這樣才能維持種族隔離，暗中破壞公共計畫。

但是接受教育和訓練的資格是由聯邦政府決定的，這就讓南方的州更難排擠黑人退伍軍人了。給予退伍軍人學生的每月津貼是依照家庭人數決定的，而不是種族。黑人退伍軍人利用教育優惠的比率較高，有四九％的使用率，而白人則是四三％。然而，黑人退伍軍人仍舊被排除在許多大學之外，尤其是在南方，因此他們更有可能去上職業學校。那些職業學校通常都是掠奪的詐騙機構，提供很差的教育，卻收取軍人權利法案能補助的最高學費額度。

但是即使如此被排外，軍人權利法案還是讓人民對民主及種族包容性有了更多的訴求。一項針對黑人退伍軍人的調查顯示，有利用軍人權利法案優惠的人，參與民權運動的比率是沒有利用的人的四倍以上。他們參與政治的比率也是兩倍，從參與選舉到擔任公職。軍人權利法案對退伍軍人一視同仁，這讓市民擁有力量對政府提出更多關於民主的正面訴求。8

＊＊＊

二十世紀中期，人們理解政府在提供高等教育這方面扮演著關鍵角色，這個系統的設計理念就是打破菁英教育和一般民眾能取得的資源之間的距離，並且以幾乎免學費的方式提供。而這個系統現在已經消失殆盡。因為兩項政治運動，高等教育系統受到了衝擊。在加州，由州長雷根領導的新保守主義運動寫下了打擊免費高等教育的基礎，一路延續到今天。在紐約，則是新自由主義的官僚所掌控的緊縮政策打擊了免費高等教育。這兩項運動都重新塑造了我們對於美國人該如何獲得高等教育的理解——說得更長遠一些，還有高等教育所帶來的流動性。

加州的高等教育系統是在摩利爾法案當中誕生的。一八六二年法案通過後幾年內，加州就利用這筆資金建立了大學。丹尼爾．科特．吉爾曼（Daniel Coit Gilman）是加州大學第三任校長，一八七二年接任校長時，他在演講中表現出會對這件事情努力的承諾：「這不是柏林大學，紐海芬大學，」也不是「奧克蘭大學，或者舊金山大學，這是加州所建立的大學。」他們應該使這所學校「適應這裡的人民，這裡的公立及私立學校，這裡特異的地理位置，還有尚未開發的資源。這裡並不是一所教會機構或者私人機構的基礎，而是屬於人民，為了人民——這些不是微不足道的層面，而是攸關他們智慧與道德福祉的最高層級。」[9]

吉爾曼發表這場演講時，加州大學還只是隱藏在柏克萊山丘之間的兩棟建築，裡面有一百八十二位學生，其中有三十九名女性。整個二十世紀前半，海勒姆．強森（Hiram Johnson）及厄爾．華倫（Earl Warren）等自由主義共和黨黨員設下並擴展了大學的基礎。這個系統的擴展讓一連串的人都得到好處，從希望獲得教育的市民，到希望擁有更多受過教育的員工的地方商會。[10]

加州高等教育長達一世紀的擴展，在一九六〇年的《唐納胡法案》（*Donahoe Act*）達到了最高點，更加廣為人知的名稱是高等教育總體規劃（Master Plan for Higher Education）。它是由學術勞動經濟學家兼加州大學校長克拉克．克爾（Clark Kerr）推動實現的，高等教育總體規劃是一個承諾，承諾在加州政府努力之下，要讓所有希望接受教育的學生都能得到教育。它創造了一個三層系統，有社區大學、州立學院、大學，讓學生們可以在這些學校之間來往。無論以理論或實踐來說，學生都可以在這裡面從最底層移動到最上層。只要有足夠的能力與努力，加州人民可以從全世界最優秀的大學畢業，學費將近免費。如果沒有像這樣由公共支出提供的大眾高等教育機構，戰後時期所宣稱的社會及經濟流動性根本不可能實現。

一九六六年雷根競選加州州長，是眾多反對大社會計畫的保守派候選人之一。他的其中一個主要目標就是加州大學系統。在競選活動當中，他發誓要「清理柏克萊的亂象，」他向大眾警告那裡有「非常糟糕、極度違反我們對正派人類行為的標準，我甚至無法敘述給大家聽」的「不當性行為」，並抱怨「一小群由披頭族、激進分子、汙言穢語提倡者所組成的少數派」正在將左翼顛覆思想帶進大學系統，並要求州政府去調查「校園內的共產主義及公然不當性行為。」同時他也推動一個反繳稅平台，並承諾要「甩開福利制度下的廢物」來整頓加州的財政。但是柏克萊加州大學是他最有用的政治道具，將他所有的保守派意識形態具象化成單獨一個顛覆騷動的形象。[11]

在打擊免費大學的戰場上，雷根有兩個同盟——警察和經濟學家。一九六七年當選州長後沒幾天，雷根就聯絡舊金山FBI辦公室，要求他們幫忙處理「柏克萊的狀況」。雖然有些猶豫，FBI局長約翰·埃德加·胡佛（J. Edgar Hoover）仍然下令幫助雷根。從前FBI在調查好萊塢的共產黨，雷根身為演員為FBI提供情報，雷根和胡佛從那時就認識了。FBI交出他們一直以來所收集到的關於馬力歐·薩維奧（Mario Savio）等學運領袖，以及加州大學校長克爾的機密資訊。胡佛特別重視要逼退克爾，並損壞他的名聲，因為胡佛指責這位加州大學校長沒有去對抗左翼學者以及抗議學生。雷根希望與FBI合作監視所有反對他調漲學費的人。[12]

這時候加州大學是不收取學費的，學生只需要繳交一點點雜費。一開始雷根對大學系統的預算提出大幅削減，並開啟收學費的大門。雷根希望將每年的學雜費設定為六百七十五美元，大約是現在的五千美元。雖然現在看來很令人難以置信，但在當時這個費用會讓加州大學成為全美最貴的公立大學。在克爾明確表示這會對大學系統造成傷害後，雷根立刻下令讓加州大學開除克爾。被迫離開之後，創建了世紀中期加州之光的克爾開玩笑說：「我卸任時和我上任時一樣——充滿了熱忱。」（譯注：雙關語，嘲諷自己因熱忱而被開除。）[13]

在推動公立學校收取學費這件事情上，雷根獲得一些意識形態的支持，就是來自新近、武斷的保守派經濟學家。米爾頓．傅利曼在他的《新聞周刊》（*Newsweek*）每周專欄上批評免費大學教育。他寫道：對於「低收入的納稅人以及沒有讀大學的年輕人來說，『免學費』是非常不公平的」。經濟學家詹姆斯．布坎南（James M. Buchanan）認為，免費大學是「導致我們在主要大學所看見的至少部分的混亂」的重要角色。雷根的學費運動並不成功，但他確實讓雜費調漲，使大學費用調漲變成一件普遍的事。14

這些保守派的成功是來自接下來半個世紀要開始逐漸發展的兩大論點。第一項論點是認為，免費教育等公共財是要將資源從老實的一般民眾身上奪走，並重新分配給那些不該得到的人。第二項論點是，免費公共財會破壞市場規則，造成騷動及混亂。後者在一九七〇年代的紐約會更加激進地擴展。

紐約市面對的是不一樣的問題，同樣充滿意識形態，且也會定義政治環境。紐約市的公立大學可追溯至一八四七年，當時紐約州給予資金，創立了「自由學院」（Free Academy）。為了向州政府爭取機構資金，當時的紐約市教育局局長寫道：「為所有人打開大門，讓富人的小孩與窮人的小孩坐在一起，不會學到隔閡，只會學到產業、良好的行為舉止以及智慧。」二十世紀，自由學院系統持續擴張，增加女子學院亨特學院（Hunter College）、幾間兩年制及四年制社區學院，以及稱為研究生中心（Graduate Center）的研究所。這個系統為移民及勞工階級學生提供通往高等教育的重要途徑。15

一九七〇年代，紐約市面臨無法清償債務的危機。為避免破產所採取的緊急貸款處理當中，有一個項目是組成一個特殊管理委員會，進行緊縮政策。委員會不僅僅是專注於收支平衡，還探討市民與市之間的關係是否必須做出改變。這已經不再是關於收入和支出的問題，而是紐約市對市民來說會變成怎麼樣。

委員會的一項主要擔憂就是公立大學「正在擴張的大學系統」，必須對學生收取學費。菲利克斯・羅哈丁（Felix Rohatyn）是幫忙執行緊縮計畫的銀行家，他說深度的、結構上的縮減支出一定要做得「矯枉過正」且有「衝擊影響」，這樣才能讓資本市場明白紐約市對預算的承諾是認真的。市長亞伯拉罕・比姆（Abe Beame）表示只會收取一點點的學費。對此羅哈丁的回應是，重點不是收取多少費用，而是這件事所傳達的訊息。紐約市必須改變大方提供社會服務的這種「生活方式」。人民接收到這個訊息，爆發了許多抗議，但最終還是輸掉這場關於學費的戰爭。[16]

受到攻擊的不是只有大學。預算編列人員表示，紐約市已無法承擔「大型且未被充分利用的醫院系統」，以及「一九六〇年代聯邦政府所支援的社會福利革命」的支出策略。全紐約市都感受到縮減。約翰・霍洛曼曾和政府合作，負責聯邦醫療保險，解除南方醫院的種族隔離政策，之後成為紐約市健康醫療總局（Health and Hospitals Corporation）局長。紐約市健康醫療總局原本是半獨立機構，負責監視紐約市的公立醫院。在緊縮政策下，為了節省經費，許多公立醫院紛紛關閉，霍洛曼對此表示譴責。他被施壓，最終被迫離開。霍洛曼這位醫生一輩子都致力於將公民權利與醫療照護連結起來，卻被一個曾經是銀行家的市預算主管搞掉了。[17]

這些故事顯現出一種政府官員掌管自由政治的全新型態。在紐約市執行財政緊縮政策的新技術官僚並不是激進的保守派，他們是自由主義者，關心正義與政策，但是他們將自己視為某種全新的、不一樣的角色。他們希望紐約市只要注重市政服務，例如消防、治安、衛生、學校，而非重分配政策，或對公共住宅、醫療照護、高等教育進行更加廣泛的去商品化。他們宣稱有必要的話，志工可以擔起這些角色。《紐約時報》描寫了一種全新的心態，「公民參與」將會「維持及補充因為裁員及遇缺不補而嚴重受損的服務」，然而它絕對無法補足縮減的規模。下一個世代，新技術官僚將會開始主導民主黨的思想，而他們的第一個目標就是免費教育。18

這些領導者非常不喜歡公共計畫、不願意做積極的政府。他們和工會是敵對關係，甚至可以反抗工會。比起團結一致，他們更強調效率。他們也把「市場」當作一種壓制大膽需求的機制，將政治的可能性這個領域外包給金融部門。這種利用金融市場來嚇阻政治辯論的方法將會定義新自由主義。19

紐約市民對免費大學的逝去表達悼念。弗萊德．海辛格（Fred M. Hechinger）是一名《紐約時報》編輯，他看出了這項改變所包含的政治意義。海辛格是德國移民，於一九三六年來到美國，畢業於紐約市立學院。他受惠於教育為不同階級人民所帶來的流動性。他也準確預言免學費這件事有多快就會被公眾遺忘。一九七六年他寫道：「一旦免費教育消失了，政客就會希望它被遺忘。其他擁有遠見，認為高等教育與美國這個充滿機會的土地有著密切關聯的人們，則會希望保留關於免費教育的記憶，不是當作懷舊的閣樓中又一件古怪的收藏，而是更加富裕、更加自信、更加慷慨的生活的一種合理、實際的選項。」我們必須花費數十年才能恢復關於這個記憶的一點點碎片。[20]

* * *

免費大學因政治衝擊而消失之後，關於教育的一種全新概念出現了，就是將教育視為一種對人力資本的投資。在一九七〇年代這種觀念如旋風一般席捲了經濟學界。人力資本由芝加哥大學蓋瑞・貝克（Gary Becker）進行理論化，就是個人對自身進行的投資。就像企業會對建築、設備、工具進行投資一樣，我們也會透過教育及學習技能來對自己進行投資。這種概念持續或大，並支配了人們對於公共政策的想法。[21]

在一九五〇年代，經濟學家就開始提出教育及技能是經濟成長的主要動力之一。大約是這時候，有些經濟學家開始使用一個國家的人力資本這個概念，聲稱它是一種社會資源。就像一種戰略儲備一樣，人力資本是公共投資和社會支出——就像軍人權利法案一樣。這時候，這與個人利益無關，而是關乎整體社會的成長。[22]

一九七〇年代，這個觀念轉變成完全相反的樣子。美國勞工不再是為了那些擁有資本的人工作，而是一種個人的資本形式，個人就是一間小小的公司。這是由經濟學家所推動的觀念突破，打破了中世紀的勞工概念，也就是勞工受到工會保護，還有政府透過積極的凱恩斯政策進行管理的總體經濟。就像法國哲學家米歇爾・傅柯所形容的，在這個他稱為新自由主義的觀念之下，每個人都是「一個企業家，屬於自己的企業家」。我們身為個人的目標就是尋找方法來最大限度地提升我們作為一個企業的生產力及收益，並且準備好忍受市場對我們不斷提高的要求。政府的角色並不是幫人民阻擋來自市場的傷害，而是為我們創造一個有利的環境。在這樣的概念之下，並不是市場來滿足人們原有的需求，反而是人們要滿足市場。23

同樣的觀念轉變也可以在經濟學家將學貸作為一種高等教育的自我融資手段的主張上看見。傅利曼在他的著作《資本主義與自由》（*Capitalism and Freedom*）當中明確地發展出這樣的思考方式。高等教育不再是關乎打破階級與特權，消除大眾與菁英教育的距離，確保一般民眾能獲得更好的教育這些歷史性問題。對傅利曼來說，高等教育只不過是「一種針對人力資本投資的形式，完全類似於針對非人力資本進行機械、建築或其他形式的投資。」在「人們就是自己的企業家」這個概念之上，高等教育的主要問題就變得很簡單了：人們願意在自己身上投資多少？我們應該如何讓人們借到金融信貸，好讓他們投資自己？24

在這樣的理論下，取得教育的管道問題並不是政府應該透過公共計畫去解決，而是個人應該透過進入金融市場來解決。傅利曼提出：「個人應該承擔自我投資的成本，然後獲得報酬。」大學得到的金融報酬非常高，這代表會有「對人力資本投資不足」的問題，「也許是反映出資本市場的瑕疵」。如果「資本已經準備好要對人類進行投資，就像對實體資產投資那樣」，那麼金融市場將會透過價格信號決定教育應該實施的適當程度。這就為政府創造了一個使用政策來「促進市場運作」的角色。傅利曼想像人們銷售自己的權益，就像公司的股份一樣，這和學貸的架構是同樣的邏輯。25

學貸花了一些時間才發展到最終規模。一九六〇和七〇年代時，目標是讓人們透過助學金獲得高等教育，而不是學貸，學貸是一種額外的支援。原始目標是由政府出資的裴爾助學金（Pell grants）補貼大部分的學費，學貸只是一種解決生活開銷及其他成本的機制。其實一九七〇年代助學金平均金額不只可以補貼學費，甚至還有多出來的資金可以補貼伙食和住宿。然而，裴爾助學金跟不上學費高漲的速度，它的價值隨著時間逐漸衰減。26

弗萊德·海辛格一九七四年很有先見之明地在一篇專欄當中描述了一場「學費引起的階級戰爭」。他認為讓中產階級和勞工階級家庭相互鬥爭「可能會對貧窮階級與中下階級原本就正在惡化的關係造成負面影響。」「遭到打壓的中產階級家庭可能會投以憤怒及政治性報復。」而不是接受較高的學費，讓更貧窮的家庭獲得補助。他引用民主黨密西根州代表詹姆斯·歐哈拉（James G. O'Hara）說過的：「從教師、警察、會計師、銷售員的角度來看，打著消除經濟差距的名號，強迫他們付更多原本不用付的錢送孩子去上大學」，會是一個很龐大的政治包袱。27

這兩股力量會彼此加強。削減公共投資、國家補助價值越來越低、補助金額縮減，都讓學貸變成學生接受高等教育的主要途徑。高等教育變成個人對自己的投資之後，幫助窮人更容易獲得高等教育的支援就變得更少了。

一九七八年哈佛大學的學費調漲了一八%。他們發現申請入學人數並沒有下降，所以在那之後的十年就非常激進地調漲學費，而其他的私立學校也紛紛仿效。從一九八〇到二〇〇〇年，私立學校的學費從家庭收入中位數的二〇%漲到四〇%。接著私立學校開始對學生提供學費折扣。這樣的高額學費、高額折扣系統變成這些學校的常規做法，並讓他們可以一次達到好幾個目的。首先就是配合他們想要招收的學生來調整等級，可能是給予好處或是根據那些家庭的經濟能力來調整。私立學校不是直接依照需求來折扣學費，而是利用這個方法來吸引明星學生。這樣不公平的收費機制，讓私立學校以及知曉如何利用這種系統的學生家庭獲得莫大的好處。[28]

公立大學在很多方面都被縮減，而學生必須承擔這些成本。從一九八〇年代起，國家撥給高等教育的預算就更少了。在那之後，只要遭遇不景氣，國家就會削減這方面的預算，並且不再恢復到原來的數字，結果就是高等教育的公共補助一波接著一波地下滑。學生們被迫自行填補這個空缺——一九八〇年的學費相當於州補助的二五％。從二〇一〇年起，學生們自行負擔的學費就已經比州補助還要更多了。[29]

因為學貸的存在，才讓這種轉變發生，目前學費有四分之三都來自學貸。在保守派經濟部門的催生之下，現在學貸就是成年人生活的標誌性體驗。一九八九年，只有九％的家庭有學貸，且貸款中位數為五千六百美元。二〇一六年背負學貸的家庭達到二二％，漲了超過兩倍，中位數也來到一萬九千美元。一九八九年，一家之主的年齡低於三十五歲的家庭之中，有學貸的家庭是一七％，到了二〇一六年變成四五％，是將近一半的家庭，中位數則從五千六百美元漲到一萬八千五百美元。

在金融危機造成的後遺症之下，人們必須花上更久更久的時間才能還清學生貸款。自從經濟大衰退之後，三十五歲到四十四歲之間背負學貸的人增加超過一倍。從一九八九到二〇〇一年都是一一％至一三％，二〇〇〇至二〇〇九年是在一三％至一五％之間來回擺盪，而現在是三四％。與之前的世代相比，千禧世代要負擔更加高額的學貸，且負擔更久。學貸不只決定了二十幾歲年輕人的財務狀況，就連邁入中年的人也一樣。[30]

學貸打壓著最弱勢的人，並創造了一種向下的流動。只要看看學貸在一個人的收入所占的百分比，就會發現這份負擔是落在低收入族群身上。根據美國聯準會，有背負學貸、收入落在較低的五〇%的家庭，學貸與收入的比例從一九九五至二〇一三年提高了超過兩倍，從年收入的二六%升至五八%。除了收入在前五%的人以外，這個比例都有提高。這份負擔隨著時間變得越來越沉重。還有，這份負擔也會被種族因素放大。黑人學生負擔學貸的比例不同，二〇一六年一家之主年齡為二十五至五十五歲的黑人家庭有四二%背負學貸，白人家庭則是三四%。此外，黑人家庭的平均學貸金額比白人家庭高出二八%。[31]

負債改變了人們與學校的關係，以及人們與勞工市場的關係。公立大學必須迎合富裕的學生，才能填補缺失的國家補助，尤其是那些來自海外、會付出更多金錢的學生。學校為了變得更吸引人，會增加對環境設施的投資，讓高等教育從一個使大眾教育均衡的地方，變成層層提升的消費者體驗。為富裕學生準備的豪華公寓宿舍以及為貧窮學生準備的食物銀行比肩而行，學費高昂的大學成為有錢孩子的遊樂場，卻是貧窮孩子掙扎著生存的地方。[32]

同時，如果你每個月都必須償還高額貸款，就必須找到穩定且能賺大錢的工作，而不是自己去創業，或者去做低薪但具有更廣大社會意義的工作。一項研究指出，學貸促使人們選擇薪水較高的工作，而不會選擇薪水較低但可以為公眾服務的工作。另一項費城聯邦準備銀行（Federal

Reserve Bank of Philadelphia）的研究發現，學貸上漲與小型企業創業數量降低有相關性。學貸嚴重衝擊公共部門和照護工作，還有小型企業的創業，這些在我們的經濟環境當中早就已經面臨困難了。[33]

必須一路負擔到中年的學貸，對成人生活的每個方面都造成影響。背負較多學貸的人更不容易擁有房子，即使他們有了房子，所擁有的抵押資產也比較少。背負較多學貸的人面對經濟困難時也更加無力。背負較多學貸的女性比較不會在大學畢業數年後就結婚，且更有可能延後生孩子。同時，該如何湊出大學學費的壓力，也排山倒海地逼迫著那些家庭。通常家長們自己就已經背負學貸了，仍然像其他家長一樣希望讓孩子擁有機會，但是現在唯有依靠貸款才能達成。這就是市場傾向所定義的自由世界。[34]

桂冠詩人凱．萊恩（Kay Ryan）曾說：「就在你家附近，年復一年，都有一間社區大學無聲無息地拯救著人們的生活和心靈，而且只接受極少量的財務補助。我想不到任何更加有效率、有希望、平等的機器，除了腳踏車之外。」萊恩觀察到教育與美國民主關聯的核心意義。學貸是很近期的一場實驗，削減了我們平等主義將近兩個世紀的傳統。他們用最終將會拉開階級差異的個人投資理論，取代了自由是一種打破階級的機會的理論。以負債為基礎才能取得的高等教育是一場已經失敗的實驗，我們必須看著它所帶來的後果持續累積下去。[35]

立自足的觀念。

羅伯．尼斯貝特（Robert Nisbet）等世紀中期保守派憂慮，資本主義與政府試圖加以制約的行動將摧毀文明社會，動搖社群。許多保守派思想家懷疑，甚至敵視資本主義。他們有兩項共同的擔憂：第一，資本主義剷平傳統與階級制度，尤其是性別、種族與地位；第二，資本主義擴張導致的錯位與不安全，讓政府有藉口擴權以解決這些問題，犧牲公民與私人機構。保守運動想要維持階級制度與削弱國家主動提供經濟安全的平權趨勢，對他們來說，資本主義是一把雙刃劍。13

資本主義與政府試圖減輕其後果的雙重衝擊之下，出現了終極倡議者——川普總統。川普擅長將種族歧視、性別歧視與超越市場的經濟願景，結合成為一套掩人耳目的方案。各界不斷爭論川普由支持者得到的牢騷究竟是源於種族或是經濟，通常都是依據微薄的調查資料。事實是，川普在這兩個面向都有訴求，因為美國社會種族與階級的糾結是理不清的。川普說他將利用政府為白人男性工作者創造經濟安全。他承諾讓選民不受移民、外國人及全球貿易影響，不受密謀反對他的菁英分子影響。他訴諸美國長久以來對於市場不受節制的不信任，灑上種族與性別歧視的毒藥，為一些人營造出美好未來的幻象。其具體結果便是富人減稅，增加勞工的不安定，及積極管制所有其他人。

或許基於他的個人缺陷，川普未能好好就其理念打造政治與意識型態運動。可是，下一次迭代（iteration）不會這麼不連貫。我們在這裡訴說的故事，有關自由如何讓我們擺脫市場，將可繞過極右派的威脅。真心透過公共行動來節制市場的行動必須是廣泛及受人歡迎，而不是加以阻擋、只為了少數人。全民社會保險、免費公共計畫、經濟安全與勞工權益，都是為了確保全面的繁榮——

這些計畫之所以成功是因為它們行得通。川普的理念不過是再度退回錯置的時代，甚至無法幫助受其影響的人。

想要成功的話，我們需要駕馭及發揚兩百年來努力突破市場侷限以建立自由空間的光榮傳承。爭論市場失敗、會計資產負債表，或修修補補的解決方案，不能打贏攸關國家與社會未來的戰役。而是要爭論自由才能打贏。近數十年來我們打輸了這場仗，有一段時間，公共辯論中已完全看不到任何替代方案。但我們開始回想起來了。自由是我們戰鬥的主戰場，我們必須再度為自由而戰。

謝辭

要是沒有這麼多人的幫助和啟發，我無法完成這本書，對於一本說明財產是社會關係的書來說真是再適合不過了。首先，我要感謝羅斯福研究所（Roosevelt Institute），那是我過去這十年來的家。羅布．強森（Rob Johnson）和安德魯．理奇（Andrew Rich）在經濟大衰退時冒了很大的險，邀請我這個這個使用筆名的部落客來到這個他們所開啟的新天地，講述有關金融改革和失業的內容。羅斯福研究所已成為革新想法及分析的權威團體，目前由菲莉西亞．王（Felicia Wong）領導。菲莉西亞一直都很注重想法，也對我們的社會中到底是誰在行使權力抱持著批判的眼光。我所有的同事都以各種不同的方式來拓展和刺激我的思考。特別感謝Nellie Abernathy和Katy Milani協助我進行本書的金融數據。現在是我有生以來人人都能接觸到基礎的經濟及政治概念的巔峰時刻，而直接地參與到那個程度便是羅斯福研究所的獨特之處。

這本書充滿了我從金融危機時就一直在思考的問題，我必須感謝在我完成這本書時一路上幫助我的所有人。在金融危機正在發生時，我開始經營部落格，來自Ezra Klein、Chris Hayes、James Kwak以及其他人們的鼓勵和建議支持著我繼續下去。我逐漸和許多編輯合作，他們幫助我學習如何寫故事、講故事，也讓我嘗試將我的想法實行在他們的版面上。羅斯福研究所的Bryce Covert和Tim Price、《異議》（*Dissent*）的Kaavya Asoka、Natasha Lewis、Nick Serpe、《新探索》雜誌（*The New Inquiry*）的Rob Horning、《波士頓評論》（*Boston Review*）的Deb Chasman和Simon Waxman、《國家》雜誌（*The Nation*）的Sarah Leonard和Chris Shay、《華盛頓郵報》的Wonkblog工作人員、Vox網站的Chris Shea，以及其他許多編輯們教導了我如何成為更好的作家、為想法增加細節。

我希望二〇〇〇年代初期的經濟相關部落格和二〇一〇年初期左派雜誌的重生可以留在人們的記憶裡，它們掀起一波全新的知識能量，一直持續到現在。我參與了後者，這迫使我更用力地思考政治，也思考得更清晰。這個計畫要感謝Sarah Jaffe、Astra Taylor以及其他學貸部分的人員，學貸是第一個促進我更加批判性思考的主題。感謝J.W. Mason關於企業、公共部門，以及所有關於經濟的更加廣泛的討論；感謝Corey Robin幫助我思考自由作為主戰場；感謝Aaron Bady花了一個夏天思考為何免費的公共高等教育很重要，以及它仍然能為我們的社會提供什麼幫助；感謝Tim Barker關於這本書的重點應該放在哪裡的重要對話；感謝Peter Frase鼓勵了我的波蘭尼式思考與波麗安娜式思考。

有許多人幫忙讀這本書的章節和草稿並給予意見回饋，感謝：Nellie Abernathy、Mehrsa Baradaran、Tim Barker、Kendra Bozarth、Ed Burmila、Ben Eidelson、Henry Farrell、Andrea Flynn、Katrina Forrester、Lawrence Glickman、Erik Loomis、Dylan Mathews、Lenore

Palladino、Tim Price、K. Sabeel Rahman、Tim Shenk、David Barton Smith，以及菲莉西亞·王。

Dana Goldstein提供了以歷史回顧來討論政策的寫作模型，也在初期提供了非常有幫助的建議。特別感謝Rosemarie Ho和Kristina Karlsson，非常棒的研究助理。大多數研究都是在美國國會圖書館進行的，那是一個很棒的資源、很棒的公共機構。感謝富蘭克林·德拉諾·羅斯福總統圖書館暨博物館的Kirsten Carter幫助我們進行關於羅斯福新政的研究。還有一些人在我寫作時幫助我保持心靈健全。感謝跳水池團隊（Team Plunge Pool）的Ed Burmila、Matt Gambino、Erik Martin，還有骰子城市遊戲（Dice City Games），是全美國最棒的遊戲商店，讓我每周都有個可以去：「島嶼，走」。

這本書剛開始是許多瘋狂怪誕的想法組成的。感謝我的經紀人Mel Flashman，幫我把這些想法塑造成一份實際的提案。新出版社（The New Press）的Marc Favreau願意冒險採用這份企劃，並提供詳細的意見回饋、編輯，並一路跟進寫作的過程。感謝Emily Albarillo負責製作，感謝Brian Baughan做了非常棒的審稿。

最後，感謝我的父母湯姆和南西，還有我的兄弟大維，在我人生中的各種曲折和突發事件當中給予我鼓勵。狗狗Odetta是人類所能擁有的最棒的研究狗。最重要的是我的一生摯愛Kendra Salois，她讓一切都值得。從一個海岸到另一個海岸，這是一趟無止盡的旅程，我等不及要看看接下來的風景了。我們的女兒薇薇安，是這個家的最新成員。本書能夠陪伴在你身邊，也希望你能生活在一個更好的世界。在許多方面，這都是一本獻給你的書，是我們學到的教訓，也希望能傳達到未來。有些人會說一本有關「去商品化的解放可能性」的書對孩子來說有點太複雜了，但我認為我們不該以居高臨下的語氣對孩子說話。

16. Satz, *Why Some Things Should Not Be for Sale: The Moral Limits of Markets*, 94–98.
17. Polanyi, *The Great Transformation.*
18. Fraser, "Contradictions of Capital and Care."
19. Fried, *The Progressive Assault on Laissez Faire: Robert Hale and the First Law and Economics Movement*, 51–53; Cohen, "Freedom and Money"; Pistor, *The Code of Capital*, 3.

第一章

1. Robbins, "Horace Greeley: Land Reform and Unemployment, 1837–1862."
2. "The Public Lands—National Reform," *New-York Daily Tribune*; Mackenzie, "A Winter Journey through the Canadas."
3. Banner, *How the Indians Lost Their Land.*
4. Sellers, *The Market Revolution*, 3–33; Gates, *History of Public Land Law Development*, 77, 86.
5. Gates, *History of Public Land Law Development*, 124–25, 145; author's calculations from U.S. Bureau of the Census, *Historical Statistics of the United States, Colonial Times to 1970*, 1106.
6. Paine, "Agrarian Justice."
7. Paine, "Agrarian Justice"; Foner, *Tom Paine and Revolutionary America*, 250–52; Spence, "The Rights of Infants."
8. Quoted in Bronstein, *Land Reform and Working-Class Experience in Britain and the United States, 1800–1862*, 25–26, 270n87.
9. Wilentz, *Chants Democratic*, 183–84; Bronstein, *Land Reform and Working-Class Experience in Britain and the United States, 1800–1862*, 37.
10. Skidmore, *The Rights of Man to Property!*, 59; Wilentz, *Chants Democratic*, 184–85.

11. Skidmore, *The Rights of Man to Property!*, 125; Howe, *What Hath God Wrought*, 528–32.
12. Skidmore, *The Rights of Man to Property!*, 137–44; Bronstein, *Land Reform and Working-Class Experience in Britain and the United States, 1800–1862*, 38; Wilentz, *Chants Democratic*, 186–87.
13. Wilentz, *Chants Democratic*, 191; Bronstein, *Land Reform and Working-Class Experience in Britain and the United States, 1800–1862*, 40.
14. Wilentz, *Chants Democratic*, 195, 198–99, 201–11, 408; Pessen, "Thomas Skidmore, Agrarian Reformer in the Early American Labor Movement."
15. Pilz, *The Life, Work and Times of George Henry Evans, Newspaperman, Activist and Reformer (1829–1849)*, 11–12; Lause, *Young America*, 10–11, 16; Bronstein, *Land Reform and Working-Class Experience in Britain and the United States, 1800–1862*, 16, 120.
16. Lause, *Young America*, 3, 17; Pilz, *The Life, Work and Times of George Henry Evans, Newspaperman, Activist and Reformer (1829–1849)*, 151–56.
17. Bronstein, *Land Reform and Working-Class Experience in Britain and the United States, 1800–1862*, 16–18.
18. Bronstein, 168–69; Goodman, "The Emergence of Homestead Exemption in the United States: Accommodation and Resistance to the Market Revolution, 1840–1880."
19. "The National Reformers," *New-York Daily Tribune*; Stephenson, *The Political History of the Public Lands, from 1840 to 1862*, 111.
20. Bronstein, *Land Reform and Working-Class Experience in Britain and the United States, 1800–1862*, 70–71.
21. Julian, *Speeches on Political Questions*, 59.
22. Tuchinsky, *Horace Greeley's New-York Tribune*, 2–5; Williams, *Horace Greeley*, 11.
23. Howe, *The Political Culture of the American Whigs*, 184–95; Tuchinsky, *Horace Greeley's New-York Tribune*, 181–82, 184.

necessarily substitute against each other, into civil society. This is not how economies themselves work. See Keynes, *The General Theory of Employment, Interest, and Money*. There is zero reason to assume this logic extends over to voluntary sector. What is more likely, as seen in the decades after the New Deal, is that public spending can crowd-in civic life, encouraging more once security is established. This was one of the original arguments for restrictions on working hours in the first place.

40. Kreader, "America's Prophet for Social Security: A Biography of Isaac Max Rubinow," 678–86, 690–98.

第五章

1. Brinkley, *The End of Reform*, 259–64; Stoltzfus, *Citizen, Mother, Worker*, 24–28.
2. Stoltzfus, *Citizen, Mother, Worker*, 24–25.
3. Stoltzfus, 5–6.
4. Furman, "Child Care Plan Taken to Truman"; Fousekis, *Demanding Child Care*, 50.
5. On care work and social reproduction, see Fraser, "Contradictions of Capital and Care," and Jaffe, "The Factory in the Family."
6. Cooper, *Family Values*, 9–15.
7. Fraser, "Between Marketization and Social Protection: Resolving the Feminist Ambivalence," 232–35.
8. On wartime mobilization and the market, see Mason, "The Economy During Wartime"; Bossie and Mason, "The Public Role in Economic Transformation: Lessons from World War II."
9. Hartmann, *The Home Front and Beyond*, 15–18.
10. Hartmann, 21, 77–78; Anderson, *Wartime Women*, 6.
11. Hartmann, *The Home Front and Beyond*, 79–80.
12. Cohen, "A Brief History of Federal Financing for Child Care in the United States," 26–29.

13. Anderson, *Wartime Women*, 5; Cohen, "A Brief History of Federal Financing for Child Care in the United States," 29.
14. Anderson, *Wartime Women*, 122–24; Cohen, "A Brief History of Federal Financing for Child Care in the United States," 29.
15. Michel, *Children's Interests/Mothers' Rights: The Shaping of America's Child Care Policy*, 136–37, 142, 144; Dratch, "The Politics of Child Care in the 1940s," 179–80; Anderson, *Wartime Women*, 130–36; Carr and Stermer, *Willow Run*, 252–56.
16. Anderson, *Wartime Women*, 6, 146; Stoltzfus, *Citizen, Mother, Worker*, 40; Covert, "Here's What Happened the One Time When the U.S. Had Universal Childcare"; Herbst, "Universal Child Care, Maternal Employment, and Children's Long-Run Outcomes: Evidence from the US Lanham Act of 1940."
17. Kesselman, *Fleeting Opportunities*, 71–78; Crawford, "Daily Life on the Home Front: Women, Blacks, and the Struggle for Public Housing," 124–25.
18. Kesselman, *Fleeting Opportunities*, 80–81; Crawford, "Daily Life on the Home Front," 124–27.
19. Stoltzfus, *Citizen, Mother, Worker*, 51.
20. Stoltzfus, 38–44, 47–48, 59.
21. Stoltzfus, 55–56, 68–69, 73–74, 82.
22. Fousekis, *Demanding Child Care*, 44–45, 80–81.
23. Stoltzfus, *Citizen, Mother, Worker*, 38–41.
24. Stoltzfus, 61.
25. Stoltzfus, 61–63.
26. Fousekis, *Demanding Child Care*, 37–42, 88–89.
27. Fousekis, 51–52, 88–89, 107–8.
28. McCaffery, *Taxing Women*, 111–13; Blumberg, "Sexism in the Code: A Comparative Study of Income

Taxation of Working Wives and Mothers," 63–65; Klein, "Tax Deductions for Family Care Expenses," 917–19.

29. Stoltzfus, *Citizen, Mother, Worker*, 203, 205.
30. Stoltzfus, 201–6.
31. Samansky, "Child Care Expenses and the Income Tax," 260–61; Blumberg, "Sexism in the Code: A Comparative Study of Income Taxation of Working Wives and Mothers," 72; Wolfman, "Child Care, Work, and the Federal Income Tax," 156.
32. Stoltzfus, *Citizen, Mother, Worker*, 212–13; Wolfman, "Child Care, Work, and the Federal Income Tax," 181–89.
33. For recent numbers on tax expenditures, see Center on Budget and Policy Priorities, "Policy Basics: Federal Tax Expenditures." The political science literature has several different metaphors—submerged, divided, hidden, delegated—for the obfuscating nature of this social insurance system. For multiple approaches, each with a specific focus, see Mettler, *The Submerged State*; Hacker, *The Divided Welfare State*; Howard, *The Hidden Welfare State*; and Morgan and Campbell, *The Delegated Welfare State*.
34. Esping-Andersen, *The Three Worlds of Welfare Capitalism*.
35. Hacker, *The Divided Welfare State*, 36–40; Crandall-Hollick and Falk, "The Child and Dependent Care Credit: Impact of Selected Policy Options," 6.
36. Mettler, *The Submerged State*, 26–28, 38.
37. Michel, *Children's Interests/Mothers' Rights: The Shaping of America's Child Care Policy*, 3.

第六章

1. Herbers, "Medicare Drive on Rights Urged; Negroes Would Deny Funds to Segregated Hospitals."

2. Smith, *The Power to Heal*, 96–97; Dittmer, *The Good Doctors*, 135–36.
3. For more on a capabilities approach to health care, see Venkatapuram, *Health Justice*.
4. Hacker, "Bigger and Better"; Ingraham, "This Chart Is a Powerful Indictment of Our Current Health-Care System"; Rosenthal, "That Beloved Hospital? It's Driving Up Health Care Costs."
5. As the philosopher Bernard Williams describes it, "the proper ground of distribution of medical care is ill health: this is a necessary truth." See Williams, "The Idea of Equality."
6. Hacker, *The Divided Welfare State*, 223–24; Blumenthal and Morone, *The Heart of Power*, 67–69.
7. This and the following quotes are from Truman, "Special Message to the Congress Recommending a Comprehensive Health Program."
8. Starr, *The Social Transformation of American Medicine*, 283–85.
9. Starr, 285–88.
10. Starr, 287–89; Hacker, *The Divided Welfare State*, 222–25, 230–31.
11. Hacker, *The Divided Welfare State*, 237–41.
12. Hacker, 225; Starr, *The Social Transformation of American Medicine*, 348–51.
13. Quadagno and McDonald, "Racial Segregation in Southern Hospitals: How Medicare 'Broke the Back of Segregated Health Services,' " 120–21.
14. Rosenberg, *The Hollow Hope*, 42–43.
15. Rosenberg, 49–52.
16. Rosenberg, 10–21, 50.
17. Quadagno and McDonald, "Racial Segregation in Southern Hospitals: How Medicare 'Broke the Back of Segregated Health Services,' " 121–24.
18. Quadagno and McDonald, 125–26.
19. Hicks, "New Chief of Hospitals: John Lawrence Sullivan Holloman Jr."; "Defender of Health Care for Poor," *New York Times*; Martin, "Dr. John L. S. Holloman Jr. Is Dead at 82; Fought to Improve Health

Care for the Poor."

20. Dittmer, *The Good Doctors*, 12–14.
21. Talese, "Selma 1990."
22. Gluck and Reno, "Reflections on Implementing Medicare," 7.
23. Gluck and Reno, 4–5, 49; Zorn, "Ronald Reagan on Medicare, circa 1961. Prescient Rhetoric or Familiar Alarmist Claptrap?"
24. US Commission on Civil Rights, "Title VI, One Year After," 5–6, 14.
25. Quadagno and McDonald, "Racial Segregation in Southern Hospitals: How Medicare 'Broke the Back of Segregated Health Services,' " 127; Gluck and Reno, "Reflections on Implementing Medicare," 8.
26. Smith, *The Power to Heal*, 105–8; Reynolds, "The Federal Government's Use of Title VI and Medicare to Racially Integrate Hospitals in the United States, 1963 through 1967," 1853.
27. Smith, *The Power to Heal*, 109–12, 115; Gluck and Reno, "Reflections on Implementing Medicare," 8.
28. Smith, *The Power to Heal*, 110–12, 116–17.
29. Smith, 121–22.
30. Smith, 128–29.
31. Dittmer, *The Good Doctors*, 133–40; Smith, *The Power to Heal*, 129–30.
32. Tidwell, "The Quiet Revolution"; Smith, *The Power to Heal*, 131.
33. Smith, *The Power to Heal*, 132–33; Reynolds, "The Federal Government's Use of Title VI and Medicare," 1853–55; Gluck and Reno, "Reflections on Implementing Medicare," 8–9.
34. Smith, *The Power to Heal*, 134–35; Reynolds, "The Federal Government's Use of Title VI and Medicare," 1855.
35. Quadagno and McDonald, "Racial Segregation in Southern Hospitals: How Medicare 'Broke the Back of Segregated Health Services,' " 129; Reynolds, "The Federal Government's Use of Title VI and Medicare," 1856; Cohen, "Random Reflections on the Great Society's Politics and Health Care Programs

after Twenty-Years."

36. Almond, Chay, and Greenstone, "Civil Rights, the War on Poverty, and Black-White Convergence in Infant Mortality in the Rural South and Mississippi"; U.S. Central Intelligence Agency, "The World Factbook: Country Comparison: Infant Mortality Rate."
37. From an early 2019 estimate, fourteen states did not expand Medicaid, leaving 2.5 million uninsured adults caught in the "coverage gap" between making too much to qualify for Medicaid and not enough to be eligible for ACA exchange subsidies. See Garfield, Orgera, and Damico, "The Coverage Gap: Uninsured Poor Adults in States That Do Not Expand Medicaid." On the purely political maneuvering John Roberts executed on the ACA, see Biskupic, *The Chief*, 221–48.

第七章

1. Although histories of neoliberalism in the United States often start in the 1980s, examining the 1970s is just as important to understanding how quickly things changed. See Cowie, *Stayin' Alive*; Krippner, *Capitalizing on Crisis*; Stein, *Pivotal Decade*; Barker, "Other People's Blood." On New York City, see Phillips-Fein, *Fear City*.
2. Phillips-Fein, *Invisible Hands*; Hacker and Pierson, *American Amnesia*, 201–37. For more on conservative think tanks as ideological actors, see Rich, *Think Tanks, Public Policy, and the Politics of Expertise*, and Stahl, *Right Moves*.
3. Peck and Tickell, "Neoliberalizing Space."
4. Slobodian, *Globalists*, 2–3. For an important dive into understanding conservatism not as a temperament but as a nostalgic ideological drive for restoring lost power, see Robin, *The Reactionary Mind*.
5. Moss, *When All Else Fails: Government as the Ultimate Risk Manager*, 56–57.

President, "Patent Assertion and US Innovation."

30. Watzinger et al., "How Antitrust Enforcement Can Spur Innovation"; U.S. Congress House Committee on the Judiciary, *Report of the Antitrust Subcommittee (Subcommittee No. 5) of the Committee on the Judiciary, House of Representatives, Eighty-Sixth Congress on Consent Decree Program of the Department of Justice*, 317.
31. Lynn, "Estates of Mind."
32. It's tempting to think that simply making ideas and information free and accessible is sufficient to check abuses. But data can only be used by those with the tools and resources to actively deploy it. The larger conversation about how the political movement for restoring the information commons has to reckon with the "romance of the public domain" is outside the scope of this book, though in an age of big data and social media, it should be much more front and center. To start, see Chander and Sunder, "The Romance of the Public Domain"; Taylor, *The People's Platform: Taking Back Power and Culture in the Digital Age*, 172–76; and Mueller, "Digital Proudhonism."
33. Brown and Sibley, *The Theory of Public Utility Pricing*, 1–2; Pepall, Richards, and Norman, *Industrial Organization*, 70–71; Crew and Kleindorfer, *Public Utility Economics*, 3.
34. Novak, "The Public Utility Idea and the Origins of Modern Business Regulation," 159.
35. Munn v. Illinois, 94 U.S. 113 (1877).
36. Novak, "The Public Utility Idea and the Origins of Modern Business Regulation," 160–63.
37. Novak, "The Public Utility Idea and the Origins of Modern Business Regulation."
38. Rahman, "Infrastructural Regulation and the New Utilities"; Rahman, *Democracy Against Domination*. For this in the context of medicine, see Bagley, "Medicine as a Public Calling." As Bagley notes, "An extraordinary range of market features—the costs of shopping around, bargaining inequalities, informational disadvantage, rampant fraud, collusive pricing, emergency conditions, and more—could all frustrate competition and [. . .] warrant state intervention." This is similar to many of the arguments

deployed today around monopsony, the minimum wage, and more.

39. Crew and Kleindorfer, *Public Utility Economics*, 4–5; Brown and Sibley, *The Theory of Public Utility Pricing*, 2–5; Rossi and Ricks, "Foreword to Revisiting the Public Utility"; Appelbaum, *The Economists' Hour*, 136–46, 161–65.

40. For an example of the celebration of lending through the capital markets and the idea that New Deal regulations had become outdated, see Litan and Rauch, *American Finance for the 21st Century*. On the financial crisis as a bank run, see Gorton, *Slapped by the Invisible Hand*.

41. Philippon, *The Great Reversal*, 205.

42. Gutierrez and Philippon, "Investmentless Growth: An Empirical Investigation"; Eggertsson, Robbins, and Wold, "Kaldor and Piketty's Facts: The Rise of Monopoly Power in the United States"; Konczal and Steinbaum, "Declining Entrepreneurship, Labor Mobility, and Business Dynamism: A Demand-Side Approach."

第八章

1. U.S. Congressional Budget Office, "The Distribution of Major Tax Expenditures in the Individual Income Tax System."
2. Brown, *Undoing the Demos*, 155–73; Weil, *The Fissured Workplace: Why Work Became So Bad for So Many and What Can Be Done to Improve It.*
3. Douglass, *The Conditions for Admission*, 5.
4. Richardson, *The Greatest Nation of the Earth*, 155–60.
5. Nemec, *Ivory Towers and Nationalist Minds*, 47–76; Mettler, *Degrees of Inequality*, 6.
6. Association of Public and Land-Grant Universities, "The Land-Grant Tradition."

7. Loss, *Between Citizens and the State*, 112–14.
8. For numbers and the debate over how to interpret race, education, and the GI Bill, see Katznelson and Mettler, "On Race and Policy History: A Dialogue about the GI Bill."
9. Douglass, *The Conditions for Admission*, 5.
10. Douglass, 5–6.
11. Bady and Konczal, "From Master Plan to No Plan: The Slow Death of Public Higher Education"; Reagan, *The Creative Society: Some Comments on Problems Facing America*, 125–27.
12. Rosenfeld, *Subversives*, 1–8, 229–31, 370–72.
13. Rosenfeld, 369, 372–76.
14. Cooper, *Family Values*, 236–38.
15. Phillips-Fein, *Fear City*, 242–43.
16. Phillips-Fein, 138–39, 170.
17. Phillips-Fein, 170, 212–15.
18. Phillips-Fein, 220.
19. Phillips-Fein, 8–9, 211, 218–20. On outsourcing political decisions to financial markets, see Krippner, *Capitalizing on Crisis*.
20. Gelder, "Fred Hechinger, Education Editor and Advocate, Dies at 75"; Hechinger, "Who Killed Free Tuition?"; Phillips-Fein, *Fear City*, 255.
21. Becker, *Human Capital*.
22. Cooper, *Family Values*, 219–23.
23. Foucault, *The Birth of Biopolitics*, 226; Konczal, "How to Waste a Crisis." On the Keynesian ideal of a worker who is also a saver, see Payne, *The Consumer, Credit and Neoliberalism*.
24. Friedman, *Capitalism and Freedom*, 100. The original quotes are about vocational and professional schools, though the logic quickly expanded to all higher education.

25. Friedman, 98–107.
26. Mettler, *Degrees of Inequality*, 52–53; Geiger, *American Higher Education since World War II*, 281–82.
27. Hechinger, "Class War Over Tuition."
28. Geiger, *American Higher Education since World War II*, 285–87.
29. Geiger, 292–93.
30. Geiger, 319; U.S. Federal Reserve Board, "2016 SCF Chartbook."
31. Yellen, "Perspectives on Inequality and Opportunity from the Survey of Consumer Finances"; McKernan et al., "Nine Charts about Wealth Inequality in America."
32. Goldberg, "This Is What Happens When You Slash Funding for Public Universities."
33. Rothstein and Rouse, "Constrained after College: Student Loans and Early-Career Occupational Choices"; Ambrose, Cordell, and Ma, "The Impact of Student Loan Debt on Small Business Formation."
34. Nau, Dwyer, and Hodson, "Can't Afford a Baby?" For a summary of student loan studies, see Fullwiler et al., "The Macroeconomic Effects of Student Debt Cancellation." For a more recent study of the impact of loans on families today, see Zaloom, *Indebted*.
35. Krajeski, "It Takes a Community College."

結語

1. Pyke, "Taking the Fight for $15 to the Old Confederacy."
2. Goldstein, "It's More Than Pay: Striking Teachers Demand Counselors and Nurses"; Goldstein, "West Virginia Teachers Walk Out (Again) and Score a Win in Hours"; Cohen, "Los Angeles Teachers Poised to Strike."
3. Wykstra, "The Movement to Make Workers' Schedules More Humane."

4. Holmberg, "Workers on Corporate Boards? Germany's Had Them for Decades"; Block and Sachs, "Clean Slate for Worker Power: Building a Just Economy and Democracy"; Campbell, "Warren Just Released the Most Ambitious Labor Reform Platform of the 2020 Campaign."
5. Wu, "Network Neutrality, Broadband Discrimination"; Malmgren, "The New Sewer Socialists."
6. Tarnoff, "A Socialist Plan to Fix the Internet." For an important paper that rebooted much of this conversation, see Khan, "Amazon's Antitrust Paradox." Senator Elizabeth Warren phrases the sports analogy this way: "You can run the platform—that is, you can be the umpire in the baseball game and you can run an honest platform. Or you can be a player, that is, you can have a business or you can have a team in the game. But you don't get to be the umpire and have a team in the game." See Beauchamp, "Elizabeth Warren's Really Simple Case for Breaking up Big Tech."
7. Iber and Konczal, "Karl Polanyi for President."
8. Jackson, "6 Promises Trump Has Made about Health Care."
9. Heller, "The Hidden Cost of GoFundMe Health Care"; Petersen, "The Real Peril of Crowdfunding Health Care."
10. The international scope of the protests against the marketization of higher education gets lost in US discussions. For excellent coverage, see Jaffe, "Red Squares Everywhere"; Loofbourow, "No to Profit."
11. Goldstein, "Bill de Blasio's Pre-K Crusade."
12. Bruenig, "Who Was Poor in 2016 and Why Our System Keeps Failing Them." On the effects of basic income experiments, see Marinescu, "No Strings Attached: The Behavioral Effects of U.S. Unconditional Cash Transfer Programs."
13. Kolozi, *Conservatives Against Capitalism*, 12–21, 145–47.

參考書目

- Aikman, Duncan. "Townsendism: Old-Time Religion." *New York Times Magazine*, March 8, 1936.
- Almond, Douglas, Kenneth Y. Chay, and Michael Greenstone. "Civil Rights, the War on Poverty, and Black-White Convergence in Infant Mortality in the Rural South and Mississippi," MIT Department of Economics Working Paper No. 07-04, December 31, 2006.
- Ambrose, Brent W., Larry Cordell, and Shuwei Ma. "The Impact of Student Loan Debt on Small Business Formation." FRB of Philadelphia Working Paper No. 15-26, July 22, 2015.
- Anderson, Elizabeth. *Private Government: How Employers Rule Our Lives (and Why We Don't Talk About It)*. Princeton, NJ: Princeton University Press, 2017.
- Anderson, Karen. *Wartime Women: Sex Roles, Family Relations, and the Status of Women During World War II*. Westport, CT: Greenwood Press, 1981.
- Appelbaum, Binyamin. *The Economists' Hour: False Prophets, Free Markets, and the Fracture of Society*. New York: Little, Brown and Company, 2019.
- Associated Press. "Hoover Advocates Women's Wage Law." *New York Times*, June 7, 1936.
- Association of Public and Land-Grant Universities. "The Land-Grant Tradition." Washington, DC: Association of Public and Land-Grant Universities, 2012.

- Bady, Aaron, and Mike Konczal. "From Master Plan to No Plan: The Slow Death of Public Higher Education." *Dissent* 59, no. 4 (Fall 2012): 10–16.
- Bagley, Nicholas. "Medicine as a Public Calling." *Michigan Law Review* 114 (2015): 57–106.
- Bakija, Jon, Adam Cole, and Bradley T. Heim. "Jobs and Income Growth of Top Earners and the Causes of Changing Income Inequality: Evidence from US Tax Return Data," April 2012.
- Balkin, Jack M. "Wrong the Day It Was Decided: Lochner and Constitutional Historicism." *Boston University Law Review* 85 (2005): 677–725.
- Balogh, Brian. *A Government Out of Sight: The Mystery of National Authority in Nineteenth-Century America*. Cambridge: Cambridge University Press, 2009.
- Banner, Stuart. *How the Indians Lost Their Land: Law and Power on the Frontier*. Cambridge, MA: Harvard University Press, 2005.
- Barker, Tim. "Other People's Blood." *N+1*, Spring 2019. https://nplusonemag.com/issue-34/reviews/other-peoples-blood-2.
- Beauchamp, Zack. "Elizabeth Warren's Really Simple Case for Breaking Up Big Tech." *Vox*, April 22, 2019.
- Becker, Gary S. *Human Capital: A Theoretical and Empirical Analysis, with Special Reference to Education*. Chicago: University of Chicago Press, 2009.
- Beito, David T. *From Mutual Aid to the Welfare State: Fraternal Societies and Social Services, 1890–1967*. Chapel Hill: University of North Carolina Press, 2000.
- Bergmann, Barbara R. "A Swedish-Style Welfare State or Basic Income: Which Should Have Priority?" *Politics & Society* 32, no. 1 (March 2004): 107–18.
- Berle, Adolf A., and Gardiner C. Means. *The Modern Corporation and Private Property*. New York:

Macmillan, 1933.

- Berlin, Isaiah. "Two Concepts of Liberty." In *Liberty Reader*, edited by David Miller, 33–57. Boulder, CO: Paradigm Publishers, 2006.
- Bernstein, David E. "Lochner Era Revisionism, Revised: Lochner and the Origins of Fundamental Rights Constitutionalism." *Georgetown Law Journal* 92, no. 1 (April 2003).
- Bernstein, Leonard. "The Working People of Philadelphia from Colonial Times to the General Strike of 1835." *The Pennsylvania Magazine of History and Biography* 74, no. 3 (July 1950): 322–39.
- Biskupic, Joan. *The Chief: The Life and Turbulent Times of Chief Justice John Roberts*. New York: Basic Books, 2019.
- Blumberg, Grace. "Sexism in the Code: A Comparative Study of Income Taxation of Working Wives and Mothers." *Buffalo Law Review* 21 (1971): 49–98.
- Blumenthal, David, and James Morone. *The Heart of Power: Health and Politics in the Oval Office*. Berkeley: University of California Press, 2009.
- Bossie, Andrew, and J.W. Mason. "The Public Role in Economic Transformation: Lessons from World War II." Roosevelt Institute, March 2020.
- Boyle, James. "The Second Enclosure Movement and the Construction of the Public Domain." *Law and Contemporary Problems* 66, no. 1 (Winter–Spring 2003): 33–74.
- Brands, H. W. *Traitor to His Class: The Privileged Life and Radical Presidency of Franklin Delano Roosevelt*. New York: Anchor Books, 2009.
- Bratton, William W., and Michael L. Wachter. "Shareholder Primacy's Corporatist Origins: Adolf Berle and the Modern Corporation." *Journal of Corporate Law* 34 (2008): 99–152.
- Brecher, Jeremy. *Strike!* Oakland, CA: PM Press, 2014.

- Eggertsson, Gauti B., Jacob A. Robbins, and Ella Getz Wold. "Kaldor and Piketty's Facts: The Rise of Monopoly Power in the United States." Washington Center for Equitable Growth, February 2018.
- Epstein, Abraham. *Insecurity, a Challenge to America: A Study of Social Insurance in the United States and Abroad*. New York: H. Smith and R. Haas, 1933.
- Ernst, Daniel R. *Tocqueville's Nightmare: The Administrative State Emerges in America, 1900–1940*. Oxford: Oxford University Press, 2014.
- Esping-Andersen, Gosta. *The Three Worlds of Welfare Capitalism*. Princeton, NJ: Princeton University Press, 1990.
- Farber, Henry S., Daniel Herbst, Ilyana Kuziemko, and Suresh Naidu. "Unions and Inequality over the Twentieth Century: New Evidence from Survey Data." National Bureau of Economic Research, May 2018.
- Foner, Eric. *Reconstruction: America's Unfinished Revolution, 1863–1877*. New York: Harper & Row, 1988.

—. *The Second Founding: How the Civil War and Reconstruction Remade the Constitution*. New York: W.W. Norton, 2019.

—. *The Story of American Freedom*. New York: W.W. Norton, 1998.

—. *Tom Paine and Revolutionary America*. New York: Oxford University Press, 1976.

- Forrester, Katrina. *In the Shadow of Justice: Postwar Liberalism and the Remaking of Political Philosophy*. Princeton, NJ: Princeton University Press, 2019.
- Foucault, Michel. *The Birth of Biopolitics: Lectures at the College de France, 1978– 1979*. Edited by Michel Senellart. Translated by Graham Burchell. Basingstoke, UK: Palgrave Macmillan, 2008.
- Fousekis, Natalie M. *Demanding Child Care: Women's Activism and the Politics of Welfare, 1940–*

1971. Urbana: University of Illinois Press, 2011.

- Fraser, Nancy. "Between Marketization and Social Protection: Resolving the Feminist Ambivalence." In *Fortunes of Feminism: From State-Managed Capitalism to Neoliberal Crisis*. Brooklyn, NY: Verso Books, 2013.

—. "Contradictions of Capital and Care." *New Left Review* 100 (August 2016): 99–117.

- Fried, Barbara. *The Progressive Assault on Laissez Faire: Robert Hale and the First Law and Economics Movement*. Cambridge, MA: Harvard University Press, 1998.
- Friedman, Lawrence M. *A History of American Law*. 3rd ed. New York: Simon and Schuster, 2005.
- Friedman, Milton. "A Friedman Doctrine: The Social Responsibility of Business Is to Increase Its Profits." *New York Times Magazine*, September 13, 1970, 32–33, 123–26.

—. *Capitalism and Freedom*. Chicago: University of Chicago Press, 1962.

- Frydman, Carola, and Raven E. Saks. "Executive Compensation: A New View from a Long-Term Perspective, 1936–2005." *The Review of Financial Studies* 23, no. 5 (2010): 2099–2138.
- Fullwiler, Scott, Stephanie A. Kelton, Catherine Ruetschlin, and Marshall Steinbaum. "The Macroeconomic Effects of Student Debt Cancellation." Levy Economics Institute, February 2018.
- Furman, Bess. "Child Care Plan Taken to Truman." *New York Times*, September 26, 1945.
- Galbraith, John Kenneth. *The Great Crash, 1929*. Boston: Houghton Mifflin, 1997.
- Garfield, Richard, Kendal Orgera, and Anthony Damico. "The Coverage Gap:Uninsured Poor Adults in States That Do Not Expand Medicaid." Henry J.
- Kaiser Family Foundation, March 2019. https://www.kff.org/medicaid/issue-brief/the-coverage-gap-uninsured-poor-adults-in-states-that-do-not-expand-medicaid.
- Gates, Paul Wallace. "Federal Land Policy in the South 1866–1888." *The Journal of Southern*

History 6, no. 3 (August 1940): 303–30.

—. *History of Public Land Law Development*. Washington, DC: U.S. Government Printing Office, 1968.

—. "The Homestead Law in an Incongruous Land System." *The American Historical Review* 41, no. 4 (July 1936): 652–81.

- Gaydowski, John Duffy. "Eight Letters to the Editor: The Genesis of the Townsend National Recovery Plan." *Southern California Quarterly* 52, no. 4 (December 1970): 365–82.
- Geiger, Roger L. *American Higher Education Since World War II: A History*. Princeton, NJ: Princeton University Press, 2019.
- Gelder, Lawrence Van. "Fred Hechinger, Education Editor and Advocate, Dies at 75." *New York Times*, November 7, 1995.
- Gifford, Christina N. "The Sonny Bono Copyright Term Extension Act." *University of Memphis Law Review* 30 (1999): 363.
- Ginsburg, Ruth Bader. "Muller v. Oregon: One Hundred Years Later." *Willamette Law Review* 45, no. 3 (Spring 2009): 359–80.
- Glickman, Lawrence. "Workers of the World, Consume: Ira Steward and the Origins of Labor Consumerism." *International Labor and Working-Class History* 52 (Fall 1997): 72–86.
- Glickman, Lawrence B. *A Living Wage: American Workers and the Making of Consumer Society*. Ithaca, NY: Cornell University Press, 1997.
- Gluck, Michael E., and Virginia P. Reno, eds. "Reflections on Implementing Medicare." National Academy of Social Insurance, January 2001.
- Goldberg, Michelle. "This Is What Happens When You Slash Funding for Public Universities." *The*

Nation, May 19, 2015.

- Goldstein, Dana. "Bill de Blasio's Pre-K Crusade." *The Atlantic*, September 7, 2016.

—. "It's More Than Pay: Striking Teachers Demand Counselors and Nurses." *New York Times*, October 24, 2019.

—. "West Virginia Teachers Walk Out (Again) and Score a Win in Hours." *New York Times*, February 19, 2019.

- Goodman, Paul. "The Emergence of Homestead Exemption in the United States: Accommodation and Resistance to the Market Revolution, 1840–1880." *The Journal of American History* 80, no. 2 (September 1993): 470–98.
- Gorton, Gary B. *Slapped by the Invisible Hand: The Panic of 2007*. Oxford: Oxford University Press, 2010.
- Gourevitch, Alex. *From Slavery to the Cooperative Commonwealth: Labor and Republican Liberty in the Nineteenth Century*. New York: Cambridge University Press, 2015.

—. "Labor and Republican Liberty." *Constellations* 18, no. 3 (September 2011): 431–54.

—. "The Limits of a Basic Income: Means and Ends of Workplace Democracy." *Basic Income Studies* 11, no. 1 (June 2016): 17–28.

- Graeber, David. *The Democracy Project: A History, a Crisis, a Movement*. New York: Spiegel & Grau, 2013.
- Gruber, Jonathan, and Daniel M. Hungerman. "Faith-Based Charity and Crowdout During the Great Depression." *Journal of Public Economics* 91, no. 5 (June 2007): 1043–69.
- Grullon, Gustavo, Yelena Larkin, and Roni Michaely. "Are US Industries Becoming More Concentrated?" *Review of Finance* 23, no. 4 (2019): 697–743.

- Gutierrez, German, and Thomas Philippon. "Investmentless Growth: An Empirical Investigation." *Brookings Papers on Economic Activity*, Fall 2017: 89–169.
- Hacker, Jacob S. "Bigger and Better." *The American Prospect*, April 19, 2005.

—. *The Divided Welfare State: The Battle over Public and Private Social Benefits in the United States*. New York: Cambridge University Press, 2002.

- Hacker, Jacob S., and Paul Pierson. *American Amnesia: How the War on Government Led Us to Forget What Made America Prosper*. New York: Simon and Schuster, 2016.
- Hagglund, Martin. *This Life: Secular Faith and Spiritual Freedom*. New York: Pantheon Books, 2019.
- Hansmann, Henry, and Reinier Kraakman. "The End of History for Corporate Law." *Georgetown Law Journal* 89 (2001): 439–68.
- Hartmann, Susan M. *The Home Front and Beyond: American Women in the 1940s*. Boston: Twayne Publishers, 1982.
- Hatch, Orrin G. "Toward a Principled Approach to Copyright Legislation at the Turn of the Millennium." *University of Pittsburgh Law Review* 59 (1997): 719–34.
- Hawley, Ellis W. "Herbert Hoover, Associationalism, and the Great Depression Relief Crisis of 1930–1933." In *With Us Always: A History of Private Charity and Public Welfare*, edited by Donald T. Critchlow and Charles H. Parker, 161–90. Lanham, MD: Rowman and Littlefield Publishers, 1998.

—. "Herbert Hoover, the Commerce Secretariat, and the Vision of an 'Associative State,' 1921–1928." *The Journal of American History* 61, no. 1 (June 1974): 116–40.

- Hechinger, Fred M. "Class War over Tuition." *New York Times*, February 5, 1974.

—. "Who Killed Free Tuition?" *New York Times*, May 18, 1976.

- Heller, Nathan. "The Hidden Cost of GoFundMe Health Care." *New Yorker*, July 1, 2019.
- Henwood, Doug. *Wall Street: How It Works and for Whom*. London: Verso, 1997.
- Herbers, John. "Medicare Drive on Rights Urged; Negroes Would Deny Funds to Segregated Hospitals." *New York Times*, December 17, 1965.
- Herbst, Chris M. "Universal Child Care, Maternal Employment, and Children's Long-Run Outcomes: Evidence from the US Lanham Act of 1940." *Journal of Labor Economics* 35, no. 2 (April 2017): 519–64.
- Hertel-Fernandez, Alex. *Politics at Work: How Companies Turn Their Workers into Lobbyists*. New York: Oxford University Press, 2018.
- Hicks, Alexander, Joya Misra, and Tang Nah Ng. "The Programmatic Emergence of the Social Security State." *American Sociological Review* 60, no. 3 (June 1995): 329–49.
- Hicks, Nancy. "New Chief of Hospitals: John Lawrence Sullivan Holloman Jr." *New York Times*, March 15, 1974.
- High, Stanley. *Roosevelt—and Then?* Freeport, NY: Books for Libraries Press, 1971.
- Holmberg, Susan R. "Workers on Corporate Boards? Germany's Had Them for Decades." *New York Times*, January 6, 2019.
- Howard, Christopher. *The Hidden Welfare State*. Princeton, NJ: Princeton University Press, 1997.
- Howe, Daniel Walker. *The Political Culture of the American Whigs*. Chicago: University of Chicago Press, 1979.

—. *What Hath God Wrought: The Transformation of America, 1815–1848*. New York: Oxford University Press, 2007.

- Hughes, Chris. *Fair Shot: Rethinking Inequality and How We Earn*. New York: St. Martin's Press,

thenewinquiry.com/how-to-waste-a-crisis.

—. "Parsing the Data and Ideology of the We Are 99% Tumblr." *Rortybomb* (blog), October 9, 2011. https://rortybomb.wordpress.com/2011/10/09/parsing-the-data-and-ideology-of-the-we-are-99-tumblr.

—. "The Voluntarism Fantasy." *Democracy*, no. 32 (Spring 2014).

—. "There Are Too Few Companies and Their Profits Are Too High." *The Nation*, July 12, 2019.

- Konczal, Mike, and Marshall Steinbaum. "Declining Entrepreneurship, Labor Mobility, and Business Dynamism: A Demand-Side Approach." Roosevelt Institute, July 2016.
- Krajeski, Jenna. "It Takes a Community College." *New Yorker*, October 27, 2009.
- Kreader, J. Lee. "America's Prophet for Social Security: A Biography of Isaac Max Rubinow." PhD diss., University of Chicago, 1988.

—. "Isaac Max Rubinow: Pioneering Specialist in Social Insurance." *Social Service Review* 50, no. 3 (1976): 402–25.

- Krippner, Greta R. *Capitalizing on Crisis: The Political Origins of the Rise of Finance*. Cambridge, MA: Harvard University Press, 2011.
- Lause, Mark A. *Young America: Land, Labor, and the Republican Community*. Urbana: University of Illinois Press, 2005.
- Lessig, Lawrence. *Free Culture: How Big Media Uses Technology and the Law to Lock Down Culture and Control Creativity*. New York: Penguin, 2004.
- Leuchtenburg, William Edward. *Franklin D. Roosevelt and the New Deal, 1932–1940*. New York: Harper & Row, 1963.
- Lindsey, Brink, and Steven M. Teles. *The Captured Economy: How the Powerful Enrich Themselves,*

Slow Down Growth, and Increase Inequality. New York: Oxford University Press, 2017.

- Litan, Robert E., and Jonathan Rauch. *American Finance for the 21st Century*. Washington, DC: Brookings Institution Press, 1998.
- Loofbourow, Lili. "No to Profit." *Boston Review*, May 16, 2013. http://bostonreview.net/world/%E2%80%9Cno-profit%E2%80%9D.
- Loomis, Erik. *A History of America in Ten Strikes*. New York: New Press, 2018.
- Loss, Christopher P. *Between Citizens and the State: The Politics of American Higher Education in the 20th Century*. Princeton, NJ: Princeton University Press, 2012.
- Lowrey, Annie. *Give People Money: How a Universal Basic Income Would End Poverty, Revolutionize Work, and Remake the World*. New York: Crown, 2018.
- Lubove, Roy. *The Struggle for Social Security, 1900–1935*. 2nd ed. Pittsburgh, PA: University of Pittsburgh Press, 1986.
- Lynn, Barry C. "Estates of Mind." *Washington Monthly*, July/August 2013.
- Mackenzie, W. "A Winter Journey Through the Canadas." *New-York Tribune*, April 24, 1849.
- Malmgren, Evan. "The New Sewer Socialists." *Logic*, December 1, 2017.
- Manne, Henry G. "Mergers and the Market for Corporate Control." *Journal of Political Economy* 73, no. 2 (April 1965): 110–20.
- Marinescu, Ioana. "No Strings Attached: The Behavioral Effects of U.S. Unconditional Cash Transfer Programs." Roosevelt Institute, May 2017.
- Martin, Douglas. "Dr. John L. S. Holloman Jr. Is Dead at 82; Fought to Improve Health Care for the Poor." *New York Times*, March 2, 2002.
- Martin, George Whitney. *Madam Secretary, Frances Perkins*. Boston: Houghton Mifflin, 1976.

- New-York Daily Tribune. "The National Reformers," October 11, 1845.

—. "The Public Lands—National Reform," January 23, 1846.

- Novak, William J. *The People's Welfare: Law and Regulation in Nineteenth-Century America*. Chapel Hill: University of North Carolina Press, 1996.

—. "The Public Utility Idea and the Origins of Modern Business Regulation." In *The Corporation and American Democracy*, edited by Naomi R. Lamoreaux and William J. Novak, 139–76. Cambridge, MA: Harvard University Press, 2017.

- Old Age Revolving Pensions, Ltd. *Old Age Revolving Pensions, a Proposed National Plan*. Long Beach, CA: Old Age Revolving Pensions, 1934.
- Orren, Karen. *Belated Feudalism: Labor, the Law, and Liberal Development in the United States*. Cambridge: Cambridge University Press, 1991.
- Paine, Thomas. "Agrarian Justice." https://www.ssa.gov/history/paine4.html.
- Palladino, Lenore. "The Economic Argument for Stakeholder Corporations." Roosevelt Institute, July 2019.
- Patterson, James T. *America's Struggle Against Poverty, 1900–1980*. Cambridge, MA: Harvard University Press, 1981.
- Payne, Christopher. *The Consumer, Credit and Neoliberalism: Governing the Modern Economy*. London: Routledge, 2012.
- Peck, Jamie, and Adam Tickell. "Neoliberalizing Space." *Antipode* 34, no. 3 (July 2002): 380–404.
- Pepall, Lynne, Dan Richards, and George Norman. *Industrial Organization: Contemporary Theory and Empirical Applications*. 5th ed. Hoboken, NJ: Wiley, 2014.
- Perkins, Frances. "Basic Idea Behind Social Security Program; Miss Perkins Outlines the Theory of

Collective Aid to the Individual." *New York Times*, January 27, 1935.

—. *The Roosevelt I Knew*. New York: Penguin Books, 2011.

- Pessen, Edward. "Thomas Skidmore, Agrarian Reformer in the Early American Labor Movement." *New York History* 35, no. 3 (July 1954): 280–96.
- Petersen, Anne Helen. "The Real Peril of Crowdfunding Health Care." *BuzzFeed News*, March 11, 2017.
- Pettit, Philip. "Freedom in the Market." *Politics, Philosophy & Economics* 5, no. 2 (2006): 131–49.

—. *Republicanism: A Theory of Freedom and Government*. Oxford: Clarendon Press, 1997.

- Philippon, Thomas. *The Great Reversal: How America Gave Up on Free Markets*. Cambridge, MA: Harvard University Press, 2019.
- Philippon, Thomas, and Ariell Reshef. "Wages and Human Capital in the US Finance Industry: 1909–2006." *The Quarterly Journal of Economics* 127, no. 4 (November 2012): 1551–1609.
- Phillips-Fein, Kim. *Fear City: New York's Fiscal Crisis and the Rise of Austerity Politics*. New York: Metropolitan Books, 2017.

—. *Invisible Hands: The Making of the Conservative Movement from the New Deal to Reagan*. New York: W.W. Norton, 2009.

- Pigou, A. C. *The Economics of Welfare*. London: Macmillan and Co., Ltd, 1920.
- Pildes, Richard H. "Democracy, Anti-Democracy, and the Cannon." *Constitutional Commentary* 17 (2000): 295–319.
- Pilz, Jeffrey J. *The Life, Work and Times of George Henry Evans, Newspaperman, Activist and Reformer (1829–1849)*. Lewiston, NY: Edwin Mellen Press, 2001.
- Pistor, Katharina. *The Code of Capital: How the Law Creates Wealth and Inequality*.

- Princeton, NJ: Princeton University Press, 2019.
- Plotke, David. "The Wagner Act, Again: Politics and Labor, 1935–37." *Studies in American Political Development* 3 (Spring 1989): 104–56.
- Polanyi, Karl. *The Great Transformation: The Political and Economic Origins of Our Time*. Boston: Beacon Press, 2001.
- Potter, David Morris. *The Impending Crisis, 1848–1861*. Edited by Don Edward Fehrenbacher. New York: Harper & Row, 1976.
- Pound, Roscoe. "Liberty of Contract." *Yale Law Journal* 18, no. 7 (May 1909): 454–87.
- *Proceedings of The Casualty Actuarial and Statistical Society of America*. Vol. 2. Lancaster, PA: Press of The New Era Printing Company, 1916.
- *Proceedings of the First Annual Meeting of the National Fraternal Congress of America*, 1914.
- Purdy, Jedediah. "Neoliberal Constitutionalism: Lochnerism for a New Economy." *Law and Contemporary Problems* 77, no. 4 (2014): 195–213.
- Putnam, Robert D. *Bowling Alone: The Collapse and Revival of American Community*. New York: Simon and Schuster, 2000.
- Pyke, Alan. "Taking the Fight for $15 to the Old Confederacy." *Think Progress* (blog), August 16, 2016. https://thinkprogress.org/fight-for-15-richmond-convention-1dbc73e24183.
- Quadagno, Jill, and Steve McDonald. "Racial Segregation in Southern Hospitals: How Medicare 'Broke the Back of Segregated Health Services.' " In *The New Deal and Beyond: Social Welfare in the South Since 1930*, edited by Elna C. Green, 119–37. Athens: University of Georgia Press, 2003.
- Rahman, K. Sabeel. *Democracy Against Domination*. New York: Oxford University Press, 2017.

—. "Infrastructural Regulation and the New Utilities." *Yale Journal on Regulation* 35, no. 3 (2018):

911–39.

—. "Losing and Gaining Public Goods." *Boston Review*, September 5, 2017.

- Rauchway, Eric. *The Great Depression and the New Deal: A Very Short Introduction.*
- Oxford: Oxford University Press, 2008.

—. *Winter War: Hoover, Roosevelt, and the First Clash over the New Deal.* New York: Basic Books, 2018.

- Reagan, Ronald. *The Creative Society: Some Comments on Problems Facing America.* New York: Devin-Adair, 1968.
- Pepperdine School of Public Policy. "Republican Party Platform," June 11, 1936. https://publicpolicy.pepperdine.edu/academics/research/faculty-research/new-deal/1930s-party-platforms/repub36.htm.
- Reynolds, P. Preston. "The Federal Government's Use of Title VI and Medicare to Racially Integrate Hospitals in the United States, 1963 through 1967." *American Journal of Public Health* 87, no. 11 (November 1997): 1850–58.
- Rich, Andrew. *Think Tanks, Public Policy, and the Politics of Expertise.* Cambridge: Cambridge University Press, 2004.
- Richardson, Heather Cox. *The Death of Reconstruction.* Cambridge, MA: Harvard University Press, 2001.

—. *The Greatest Nation of the Earth: Republican Economic Policies During the Civil War.* Cambridge, MA: Harvard University Press, 1997.

- Roark, James L. "George W. Julian: Radical Land Reformer." *Indiana Magazine of History* 64, no. 1 (March 1968): 25–38.
- Robbins, Roy M. "Horace Greeley: Land Reform and Unemployment, 1837–1862." *Agricultural*

History 7, no. 1 (January 1933): 18–41.

- Roberts, William Clare. *Marx's Inferno: The Political Theory of Capital*. Princeton, NJ: Princeton University Press, 2017.
- Robin, Corey. "Lavatory and Liberty: The Secret History of the Bathroom Break." *Boston Globe*, September 29, 2002.

—. "The New Socialists." *New York Times*, August 24, 2018.

—. *The Reactionary Mind: Conservatism from Edmund Burke to Donald Trump*. 2nd ed. New York: Oxford University Press, 2018.

—. "Reclaiming the Politics of Freedom." *The Nation*, April 6, 2011.

- Rodems, Richard, and H. Luke Shaefer. "Left Out: Policy Diffusion and the Exclusion of Black Workers from Unemployment Insurance." *Social Science History* 40, no. 3 (Fall 2016): 385–404.
- Rodgers, Daniel T. *Atlantic Crossings?: Social Politics in a Progressive Age*. Cambridge, MA: Harvard University Press, 1998.
- Roediger, David R., and Philip S. Foner. *Our Own Time: A History of American Labor and the Working Day*. London: Verso, 1989.
- Rona, Peter. "Letter in Response to Jensen." *Harvard Business Review* 89 (1989): 6–7.
- Roosevelt, Franklin D. *Public Papers of the Presidents of the United States: F.D. Roosevelt, 1937*. Vol. 6. Washington, DC: United States Government Printing Office, 1941.
- Rose, Sarah F. *No Right to Be Idle: The Invention of Disability, 1840s–1930s*. Chapel Hill: University of North Carolina Press, 2017.
- Rosenberg, Gerald N. *The Hollow Hope: Can Courts Bring About Social Change?* 2nd ed. Chicago: University of Chicago Press, 2008.

- Rosenfeld, Seth. *Subversives: The FBI's War on Student Radicals, and Reagan's Rise to Power*. New York: Farrar, Straus, and Giroux, 2013.
- Rosenthal, Elisabeth. "That Beloved Hospital? It's Driving Up Health Care Costs." *New York Times*, September 1, 2019.
- Rosenzweig, Roy. *Eight Hours for What We Will: Workers and Leisure in an Industrial City, 1870–1920*. Cambridge: Cambridge University Press, 1983.
- Rossi, Jim, and Morgan Ricks. "Foreword to Revisiting the Public Utility." *Yale Journal on Regulation* 35, no. 3 (2018): 711–19.
- Rothstein, Jesse, and Cecilia Elena Rouse. "Constrained After College: Student Loans and Early-Career Occupational Choices." *Journal of Public Economics* 95 (2011): 149–63.
- Rubinow, Isaac Max. "Old-Age Pensions and Moral Values: A Reply to Miss Coman." *Survey*, February 28, 1914.

—. "Problems and Possibilities." *The Market World and Chronicle* 9, no. 9 (February 27, 1915): 286–89.

—. *The Quest for Security*. New York: H. Holt, 1934.

—. *Social Insurance: With Special Reference to American Conditions*. New York: H. Holt, 1913.

- Salamon, Lester M. "Of Market Failure, Voluntary Failure, and Third-Party Government: Toward a Theory of Government-Nonprofit Relations in the Modern Welfare State." *Nonprofit and Voluntary Sector Quarterly* 16 (January 1987): 29–49.
- Salmon, Felix. "Gen Z Prefers 'Socialism' to 'Capitalism.' " *Axios*, January 27, 2019. https://www.axios.com/socialism-capitalism-poll-generation-z-preference-1ffb8800-0ce5-4368-8a6f-de3b82662347.html.